Praxisratgeber der Akademie für Kindergarten, Kita und Hort

Alltagsintegrierte Sprachbildung in der Kita

Die Sprachentwicklung von Kindern wahrnehmen, begleiten und unterstützen

Melanie Gräßer · Eike Hovermann (Hrsg.)
Udo Elfert

Klett Kita

Impressum

ISBN: 978-3-96046-081-7
Alltagsintegrierte Sprachbildung in der Kita
Die Sprachentwicklung von Kindern wahrnehmen, begleiten und unterstützen

Klett Kita GmbH · Rotebühlstr. 77 · 70178 Stuttgart · Internet: www.klett-kita.de

Projektleitung und Redaktion	Myriam Bork
Herausgeber	Melanie Gräßer, Eike Hovermann
Autoren	Udo Elfert, Melanie Gräßer, Eike Hovermann
Korrektur	Nicole Woratz
Gestaltung und Satz	DOPPELPUNKT, Stuttgart
Druck	Paper & Tinta, Nadma

Kontakt
Telefon: 07 11 / 66 72 58 00
Telefax: 07 11 / 66 72 58 22
kundenservice@klett-kita.de

Gedruckt auf chlorfrei gebleichtem Papier.

Bibliografische Information der Deutschen Nationalbibliothek. Die Deutsche Nationalbibliothek verzeichnet diese Publikation in der Deutschen Nationalbibliografie. Detaillierte bibliografische Daten sind im Internet über http://dnb.d-nb.de abrufbar.

2. Auflage

Bildnachweis: Gettyimages.de
S. 6: simonkr | S. 9: FatCamera | S. 13: Klaus Vedfelt | S. 14: fotostorm | S. 17: AJ_Watt | S. 19: Sydney Bourne | S. 21: monkeybusinessimages | S. 23: wragg | S. 24: lisegagne | S. 29: FatCamera | S. 30: Richard Drury S. 22: Hanibaram | S. 32: real444 | S. 34: nndanko | S. 39: imagedepotpro | S. 42: MissTuni | S. 44: Mykola Sosiukin | S. 45: Orbon Alija | S. 47: MicroStockHub | S. 49: Michael H | S. 50: baona | S. 53: Jose Luis Pelaez Inc | S. 54. Emma Innocenti | S. 56: Kyryl Gorlov | S. 57: StockRocket | S. 59: yaruta | S. 60: KatarzynaBialasiewicz | S. 62: natalie_board | S. 65: 10`000 Hours | S. 66: zeljkosantrac | S. 68: TakakoWatanabe | S. 69: ipekata | S. 70: Georgijevic | S. 74: dashu83 | S. 76: Nicolas McComber | S. 79: posteriori | S. 80. FatCamera | S. 82: Imgorthand | S. 84: wundervisuals

Bildnachweis Coverfoto: Jose Luis Pelaez Inc

Inhalt

Vorwort

Alltagsintegrierte Sprachbildung ist eine Herausforderung und eine der wichtigsten Aufgaben im Kindergarten. Jeder von uns weiß, wie wichtig Sprache und Kommunikation sind. Sie sind Schlüsselqualifikationen und ermöglichen uns, bereits im Kindesalter am gesellschaftlichen Leben teilzuhaben. Deshalb gehören Sprachbildung und deren Beobachtung zu den wichtigsten Aufgaben in jeder Einrichtung.

Neben den grundlegenden Funktionen von Sprache, wie die Übermittlung von Gedanken und Gefühlen und die Weitergabe von Informationen, ist die Sprache auch wichtig für den Aufbau eines stabilen Selbstbildes und intellektueller Fähigkeiten, für das Weltbild, die soziale Interaktion und die kulturelle Zugehörigkeit.

Da die Sprachentwicklung in wesentlichen Teilen in einem Alter von 5–7 Jahren abgeschlossen ist, sollten alle Kinder in der Kita möglichst früh Sprachbildung erfahren und unterstützt werden und nicht erst, wenn „das Kind bereits in den Brunnen gefallen ist".

Wir haben mit Udo Elfert einen der besten Trainer der Kindergartenakademie als Autor für diesen Praxisratgeber gewinnen können. Auf den folgenden Seiten vermittelt Ihnen der staatlich anerkannte Logopäde und Coach die Grundlagen der Sprachentwicklung, -förderung und -bildung. Basierend auf seiner langjährigen Praxiserfahrung hat er die Essenz seines Wissens in 24 Praxisbeispielen, 23 Sprachbildungsstrategien und über 120 Praxistipps und -tricks zusammengefasst, die Sie sofort in Ihrem Kindergarten, in der Kleingruppe oder im Einzelsetting umsetzen können. Darüber hinaus finden Sie Übungs- und Beobachtungsaufgaben zum sofortigen Gebrauch in Ihrem Praxisalltag.

Dieser Praxisratgeber wird Ihnen eine echte Hilfe, eine wertvolle Begleitung und sicher auch später noch ein Nachschlagewerk bei vielen Fragen rund um die Sprachförderung sein. Nutzen Sie die vielen Ideen, Anregungen, Tipps und Tricks, die Ihnen helfen, noch besser und zielgenauer Ihre Kinder zu fördern und zu unterstützen.

Wir wünschen Ihnen ganz viel Freude mit diesem Ratgeber und viele gute Stunden, in denen Sie Ihr ganzes Fachwissen zur vollen Entfaltung der Sprachfähigkeit aller Kinder einsetzen können.

Melanie Gräßer und Eike Hovermann

1

Vom ersten Wort zum ganzen Satz

Die Sprachentwicklung von Kita-Kindern begleiten

Die Entwicklung der Sprache ist ein Weg, den jedes Kind geht – ganz individuell, wie von allein oder über manches Hindernis, mit Umwegen und Abzweigungen.

Auf diesem Weg begleiten Sie die Kinder, unterstützen sie achtsam und aufmerksam und geben Kindern und Eltern Orientierung. Alles was Sie brauchen, um für diese Reise ausgerüstet zu sein, finden Sie auf den nächsten Seiten. Zum Einstieg betrachten wir die kindliche Sprachentwicklung genauer und zeigen Ihnen, mit welchen Sprachbildungsstrategien, sie die Kinder unterstützen können.

Sprachbildung in der Kita

Sprachförderung oder Sprachbildung?

In der Vergangenheit wurde in Kitas, Kindergärten und im Hort überwiegend **Sprachförderung** durchgeführt. Seit einigen Jahren tritt die **Sprachbildung** immer stärker in den Vordergrund. Auch in den Kinderbildungsgesetzen und Kinderbetreuungsgesetzen der Bundesländer ist die Sprachbildung verankert. Doch was ist eigentlich der Unterschied zwischen Sprachförderung und Sprachbildung?

Praxisbeispiel: Sprachbildung im Alltag

Ein Kind (4;7 Jahre alt) erwirbt Deutsch als Zweitsprache. Es spielt mit zwei Freunden ein Rollenspiel: Kaufladen. Das Kind hat viel Sprechfreude, lernt gerade, auf Fragen zu antworten, Gespräche zu führen und erwirbt nebenbei auch noch viele neue Wörter. Eine Erzieherin begibt sich zum Kind und sagt: „Komm bitte mit in den Nebenraum. Jetzt ist Sprachförderung." Das Kind steht auf und geht mit. Es ist traurig, dass es nicht mehr mit seinen Freunden spielen kann. In Gedanken ist es noch ganz beim Kaufladen-Spielen. Bei der Sprachförderung in der Kleingruppe geht es um Einzahl und Mehrzahl von Tieren anhand eines Zoospieles.

Im Vorfeld der eigentlichen Sprachförderung wird in der Regel eine **Sprachstandserfassung** durchgeführt. Im Rahmen dieser Sprachüberprüfung werden sprachliche Defizite bei Kindern identifiziert. Im Anschluss erfolgt dann mit diesen Kindern die eigentliche Sprachförderung mit speziellen Übungen und Spielen in Kleingruppen (**additive Sprachförderung**).

Sprache bildet sich im Alltag

Die Sprachbildung hingegen wendet sich an alle Kinder, ganz unabhängig davon, ob ein Kind sprachlich verzögert ist, eine Sprachentwicklungsstörung hat, Deutsch als Zweitsprache erwirbt oder nicht. Sprachbildung wird meistens als **alltagsintegrierte Sprachbildung** verstanden. Das bedeutet, dass sie kein Extra-Angebot darstellt, sondern in den Kita-Alltag integriert wird. Bei der Sprachbildung geht es weniger um konkrete Übungen und Spiele, die sprachförderlich sind, sondern eher um eine **sprachförderliche Umgebung** und ein **sprachbildendes Verhalten** aufseiten der erwachsenen Bezugspersonen: Wie verhalte ich mich so, dass ein Kind Sprache gut erwerben kann? Diese sprachbildenden Verhaltensweisen werden als **Sprachbildungsstrategien** bezeichnet.

Sie sehen: Die alltagsintegrierte Sprachbildung hat gegenüber der additiven (zusätzlichen) Sprachförderung – wie hier im Praxisbeispiel – viele Vorteile, weil sie gewissermaßen nebenher erfolgt. Die Kinder werden nicht aus Situationen herausgerissen und haben nicht den Eindruck, dass sie etwas lernen *müssen*. Die Kinder haben mehr Gelegenheiten, ihren eigenen Selbstbildungskompetenzen Raum zu geben.

Die additive Sprachförderung kann weiterhin in bestimmten Fällen durchgeführt werden und hat auch ihre Berechtigung. Allerdings sollte der Schwerpunkt auf der alltagsintegrierten Sprachbildung liegen.

Mit Sprachbildungsstrategien Kinder in ihrer Entwicklung begleiten

Im Folgenden möchte ich Sie mit auf eine Reise durch den kindlichen Spracherwerb von der Geburt bis zum sechsten Geburtstag nehmen. Aus der Sprachentwicklung werden wir Sprachbildungsstrategien für verschiedene Lebensalter ableiten. Diese Strategien zeigen, wie Sie achtsam auf die Entwicklung der Kinder eingehen und ganz leicht eine sprachförderliche Umgebung schaffen.

Sprachbildung findet statt von morgens bei der Begrüßung bis nachmittags zur Verabschiedung. Als pädagogische Fachkraft führen Sie selbstverständlich schon Sprachbildung durch. Bei den Sprachbildungsstrategien geht es daher nicht darum, das Rad neu zu erfinden, sondern eher darum, zu sensibilisieren, die Aufmerksamkeit auf bestimmte hilfreiche Aspekte zu lenken und das eigene Sprachverhalten zu reflektieren. Kommen Sie mit! Es wird eine sehr interessante Reise.

Ein Hinweis vorab

Der Spracherwerb erfolgt ganz unterschiedlich. Die Sprachentwicklung, wie sie im Folgenden dargestellt wird, zeigt den Durchschnitt. Je nach Kind gibt es individuell mehr oder weniger große Abweichungen. Hinweise auf Verzögerungen und Störungen des Spracherwerbs finden Sie in den Kapiteln 3, 4 und 5.
Die meisten Sprachbildungsstrategien, die wir aus der Sprachentwicklung und aus Praxisbeispielen ableiten werden, gelten nicht nur für das Lebensjahr, in dem sie hier genannt werden. Sie gelten oft für Kinder jeden Alters.

Kommunikation vom ersten Augenblick – das erste Lebensjahr

Im ersten Lebensjahr lernt das Kind Sprache auf ganz grundsätzlicher Ebene kennen. Hier entscheidet sich, ob es Sprache als etwas Schönes und Sinnvolles erfährt.

Das Kind teilt sich mit

Die Kommunikation des Kindes mit seiner Umwelt beginnt direkt nach der Geburt mit dem ersten Schrei. Kurz darauf produziert das Kind auch andere **Kontakt- und Kommunikationslaute**. Mit diesen Äußerungen gibt das Kind zu verstehen, welche Bedürfnisse es hat und was es braucht: Hat es Hunger, braucht es Körperkontakt, tut ihm etwas weh? Werden die Äußerungen des Kindes wahrgenommen und die Bedürfnisse des Kindes befriedigt, erfährt sich das Kind als selbstwirksam. Es wird dann diese Lautäußerungen weiterhin nutzen, um sich mitzuteilen.

Die erste Lallphase

Mit etwa 3 Monaten kommt das Kind in die **erste Lallphase**. Hier lallt und babbelt das Kind und produziert alle möglichen Sprachlaute – auch solche, die es in der Muttersprache gar nicht gibt. Das Kind probiert aus: Wie fühlt es sich an, wenn ich die Zunge nach oben oder nach unten, nach rechts oder nach links, nach vorn oder nach hinten lege? Wie fühlt es sich an, wenn ich dabei ein- oder ausatme, wenn ich die Lippen öffne oder schließe? Wie fühlt es sich an, wenn ich dabei meine Stimme einsetze oder nicht? Wie reagiert mein Umfeld auf mich, wenn ich plappere? In der ersten Lallphase geht es dem Kind mehr um das **Spüren und Fühlen von Sprachlauten** und noch nicht so sehr um das Hören und gezielte Produzieren. Auch von Geburt an gehörlose Kinder haben eine voll ausgeprägte erste Lallphase.

Praxisbeispiel: Erste kleine Dialoge

Stellen Sie sich einmal folgende Situation vor: Ein 5 Monate alter Säugling liegt auf einer Decke und hat ein Schnuffeltuch in einer Hand. Das Baby beginnt zu lallen und eine erwachsene Bezugsperson geht zum Kind und kommuniziert mit ihm. Was passiert hier?

Aus der Sicht des Erwachsenen: Die erwachsene Person hört das Kind lallen und babbeln und begibt sich zu ihm. Sie beugt sich herunter und kniet sich hin. Der Erwachsene schaut das Kind an, das Kind erwidert den Blick und hört kurz mit dem Lallen auf. Die erwachsene Person macht ein freundliches Gesicht und spricht mit einer angenehmen, weichen und freundlichen Stimme in „Babysprache" mit dem Säugling. Der Säugling lächelt und lallt und babbelt seinerseits, sobald der Erwachsene aufhört zu sprechen. Die beiden sprechen abwechselnd miteinander.

Aus der Sicht des Säuglings: Das Kind beginnt zu lallen und zu babbeln – und zwar aus sich heraus und ohne Anregung. Zunächst sieht das Kind nur sein Schnuffeltuch und die Zimmerdecke. Dann gibt es eine Veränderung im Gesichtsfeld des Kindes – die Bezugsperson erscheint. Der Säugling wendet seinen Blick in Richtung der wahrgenommenen Bewegung und sieht das Gesicht der Bezugsperson. Das Baby hält mit dem Lallen inne, um zu sehen, was jetzt kommt. Es nimmt den Blickkontakt wahr, sieht ein freundliches Gesicht und hört eine angenehme, vertrauenerweckende Stimme. Das, was das Kind sieht und hört, fühlt sich gut an. Es lächelt. Sobald die erwachsene Person aufhört zu sprechen, ist das Kind motiviert, wieder zu antworten. Dem Säugling macht dies so viel Freude, dass sich der Zyklus von abwechselndem Sprechen mehrfach wiederholt.

Das Beispiel zeigt, dass die Motivation, sich sprachlich zu äußern, schon in dieser frühen Lebensphase angelegt wird. Das Baby kann von Geburt an körpersprachliche Signale und den Stimmklang interpretieren. Je mehr solcher Erfahrungen ein Kind im ersten Lebensjahr macht, desto eher nimmt das Kind Sprache als etwas Schönes und Wichtiges wahr und desto mehr Sprechfreude entwickelt es.

Das Praxisbeispiel ist offensichtlich eine sprachbildende Situation gewesen. Welche **Sprachbildungsstrategien** lassen sich daraus ableiten?

Hörstörungen bei Kleinstkindern erkennen

Die erste Lallphase ist auch bei gehörlosen Kindern meist vollständig ausgeprägt. Die zweite Lallphase hingegen ist bei Kindern, die eine schwere Hörstörung haben, in der Regel nur reduziert oder auch gar nicht vorhanden. Können Sie bei einem Kind beobachten, dass es während des 6. und des 10. Lebensmonats mehr und mehr verstummt oder gar nicht lallt, dann kann dies ein Hinweis auf eine Hörstörung sein. Empfehlen Sie den Eltern, das Gehör des Kindes durch einen Hals-Nasen-Ohren-Arzt oder einen Pädaudiologen überprüfen zu lassen.

SPRACHBILDUNGSSTRATEGIEN

Blickkontakt

Der Blickkontakt ist das wichtigste Verhalten beim Sprechen mit einem Kind. Säuglinge suchen förmlich den Blick der Bezugsperson. Ohne Blickkontakt kann Sprachbildung nicht stattfinden.

Freundliches Gesicht

Kinder sind von Geburt an in der Lage, den Gesichtsausdruck von Bezugspersonen zu interpretieren. Ein neutrales oder gar ernstes Gesicht würde einen Säugling irritieren. Stressreaktionen würden ausgelöst werden und er würde sich fragen: „Bin ich hier sicher? Ist alles in Ordnung?“ Ein freundliches Gesicht gibt dem Kind das Gefühl von Sicherheit und es kann sich ganz auf die Situation mit dem Erwachsenen einlassen.

Weiche und warme Stimme

Eine weiche und warme Stimme hat einen ähnlichen Effekt wie ein freundliches Gesicht: Das Kind fühlt sich sicher und geborgen. Die Stimme ist sehr individuell. Manche haben eine ganz weiche, andere eine eher feste Stimme. Machen Sie sich keine Sorgen. Es geht nicht darum, dass Sie mit dem Kind mit feenhafter Stimme sprechen, sondern nur darum, dass Ihre Stimme nicht kühl oder schneidend ist.

Respond

Der Blickkontakt allein reicht nicht. Das Kind erwartet eine Reaktion auf seinen Kommunikationsversuch in Form von Sprache, Lauten und/oder Körpersprache. Unterbleibt dieser Respond, ist das Kind höchst irritiert und wirklich in Not.

Es gibt Versuche, bei denen Mütter ihre Säuglinge und Kleinkinder zwar angeschaut haben, aber nicht auf die Kommunikationsangebote reagiert haben. Innerhalb kurzer Zeit reagierten die Kinder mit Schreien, Weinen, Abwenden und Einnässen. Der Stress ist für die Kinder in solchen Situationen mit fehlendem oder reduziertem Respond so groß, dass Sprachbildung nicht mehr stattfinden kann.

Daher: Reagieren Sie auf das Kind, indem Sie mit dem Kind sprechen oder selbst lallen und babbeln. Machen Sie nach gegebener Zeit

Ammensprache ist genau richtig, wenn sie auf den Erwachsenen übertrieben wirkt. Lassen Sie los!

eine Pause. Wahrscheinlich wird das Kind wieder selbst babbeln und nach einiger Zeit sind Sie wieder „dran".

- **Turn-Taking**
  Turn-Taking ist das Sich-Abwechseln-in-der-Kommunikation: Ich bin dran – du bist dran – ich bin dran – du bist dran. Beim Turn-Taking ergeben sich die ersten kleineren Dialoge, wenn auch aufseiten des Kindes noch nicht mit verständlichen Wörtern.

- **Kindgerechte Sprache**
  In jedem der drei ersten Lebensjahre gibt es eigenständige Formen von kindgerechter Sprache. Niemand würde auf die Idee kommen, mit einem Säugling genauso wie mit einem Erwachsenen zu sprechen.
  Die kindgerechte Sprache im ersten Lebensjahr zeichnet sich aus durch eine erhöhte Stimmlage, einen deutlichen Sprechrhythmus, ein etwas langsameres Sprechtempo und eher kurze Sätze – sofern Sätze gesprochen werden. Diese Sprachform wird Ammensprache oder auch Baby-Talk genannt.
  Wird mit einem Säugling in Ammensprache gesprochen, bekommt er gewissermaßen ganz große Ohren. Das Kind weiß: „Das hört sich gut an. Das gilt mir. Da bin ich jetzt ganz aufmerksam und spreche (lalle und babble) ebenfalls."
  Einige haben Vorbehalte gegenüber der kindgerechten Sprache im ersten Lebensjahr, empfinden sie übertrieben oder peinlich. In den 80er-Jahren galt es mitunter sogar als sprachförderlich, mit jüngeren Kindern wie mit Erwachsenen zu sprechen. Kinder brauchen die hohe Tonlage und deutliche Betonung aber!

Die zweite Lallphase

Zwischen etwa dem 6. und dem 10. Lebensmonat findet die **zweite Lallphase** statt. Hier tritt das Hören viel mehr in den Vordergrund. Die Kinder beginnen nun, verstärkt auf das zu hören, was andere sagen und welche Laute sie dabei produzieren. Sie versuchen dann, das Gehörte zu imitieren. Dadurch verlieren sich die nicht-muttersprachlichen Laute und die Kinder produzieren **Laut- und Silbenketten**, zum Beispiel *Dadadadadada* und *Mamamamama*.

Praxisbeispiel: Laut- und Silbenketten

Ein Kind, 9 Monate alt, wird zum Essen in einen Hochstuhl gesetzt. Kaum sitzt es, schaut es die Mutter an und babbelt: „Dadadadadadada…" Die Mutter wendet sich dem Kind zu, schaut das Kind an, hockt sich zu ihm, berührt es, macht ein freundliches Gesicht und sagt mit einer weichen Stimme: „Dadadadadadada…" Das Kind lächelt und babbelt wieder selbst. Wechselseitig sprechen Kind und Mutter: „Dadadadadadada…"

Welche Sprachbildungsstrategien können aus dieser Situation abgeleitet werden?

Beobachten lassen sich viele der bereits genannten Sprachbildungsstrategien: der *Blickkontakt*, ein *freundliches Gesicht* und eine *weiche Stimme* sowie das *Turn-Taking*, das sich aus der Situation ergibt. Darüber hinaus finden wir wieder einige neue Sprachbildungsstrategien:

SPRACHBILDUNGSSTRATEGIEN

Zuwenden

Das Zuwenden zeigt dem Kind: „Ich bin gemeint. Die Aufmerksamkeit liegt bei mir. Jetzt ist Zeit für mich." Es fühlt sich sicher und geborgen. Auch das Kind kann sich dann ganz der Gesprächssituation zuwenden.

Auf-Augenhöhe-Sprechen

Das Sprechen auf Augenhöhe signalisiert dem Kind: „Du bist ein gleichberechtigter Gesprächspartner." Dadurch kann sich das Kind viel eher auf abwechselndes Sprechen einlassen und erste kleine Dialoge (Turn-Taking) ergeben sich wie von selbst.

Angemessener Körperkontakt

Kinder brauchen einen angemessenen Körperkontakt, er ist überlebenswichtig. Gerade in den ersten Lebensjahren benötigen Kinder viele Berührungen, Kuscheln und in den Arm genommen zu werden. Bis Kinder selbstständig laufen können, sind sie biologisch gesehen Traglinge und brauchen es, (viel) getragen zu werden. Auch der angemessene Körperkontakt zeigt dem Kind: „Hier bin ich sicher. Hier geht es um mich, ich bin gemeint. Alles ist gut."

Spiegeln/Imitieren

Im Praxisbeispiel hat sich die Mutter nicht nur räumlich (Auf-Augenhöhe-Sprechen), sondern auch sprachlich auf die Ebene des Kindes begeben („Dadadadadadada…") Das Kind erkennt: „Das, was ich hier mache, ist gut. Mama (oder eine andere Bezugsperson) macht das auch. Wir sprechen gemeinsam auf einer Ebene. Das fühlt sich gut an. Davon mache ich jetzt noch mehr." – Wie die kindgerechte Sprache im ersten Lebensjahr, kann auch das Spiegeln/Imitieren als unangenehm oder peinlich empfunden werden. Setzen Sie sich über die kritischen (inneren) Stimmen hinweg. Für das Kind sind Baby-Talk und Spiegeln/Imitieren genau das, was es im ersten Lebensjahr braucht. Genießen Sie das Lallen und Babbeln mit dem Kind.

Erste Wörter – die erste Hälfte des zweiten Lebensjahres

Um den ersten Geburtstag herum sprechen viele Kinder die **ersten Wörter**. Das häufigste erste Wort ist Mama. Darauf folgen andere Wörter wie *Papa*, *da*, *Ball*, *Teddy*, *Puppe*, *Nein* und *Auto*. Die Laute der ersten Wörter werden überwiegend vorn im Mund gebildet: *M*, *N*, *P*, *B*, *D* und *T*. Es sind also Laute, die das Kind nicht nur hören, sondern auch durch das Mundbild der Bezugsperson sehen kann.

Von den Lippen ablesen

Gehen Sie nah genug an das Kind heran. Es kann dadurch die Laute der Wörter, die Sie sagen, nicht nur hören, sondern auch durch das Mundbild sehen. Dem Kind fällt es dann leichter, diese Laute zu imitieren und die entsprechenden Wörter selbst zu sprechen.

Die Sätze, die die Kinder in diesem Alter sprechen, bestehen meistens nur aus einem einzelnen Wort. Sie werden daher auch als **Einwortsätze** bezeichnet. Die Wörter sind manchmal verkürzt (*Nane* statt *Banane*) oder Sprachlaute fehlen (*Ba* statt *Ball*). Das zeigt auch das nächste Praxisbeispiel – eine Spielsituation zwischen Vater und seinem Kind

Praxisbeispiel: Einwortsätze

Ein Kind, 15 Monate alt, sitzt auf dem Fußboden, neben ihm hockt der Vater. Das Kind schaut auf den vor ihm liegenden roten Ball. Es zeigt darauf, schaut dann den Vater an und sagt: „Da." Der Vater schaut auf den Ball, dann auf sein Kind und sagt: „Ein Ball. Was für ein schöner Ball! Möchtest du den Ball haben?" Das Kind lächelt und sagt: „Ba." (Ball)

SPRACHBILDUNGSSTRATEGIE

Triangulärer Blickkontakt

Ein triangulärer Blickkontakt lässt sich beobachten, wenn ein Kind wechselseitig ein Objekt (hier: den Ball) und eine Bezugsperson (hier: den Vater) anschaut. Sie kennen solche Situationen.

Der trianguläre Blickkontakt eines Kindes heißt übersetzt: „Sage irgendetwas zu dem, was ich gerade angeschaut habe. Reagiere auf das, was ich angeschaut habe. Reagiere mit Körpersprache oder sage etwas dazu, damit ich weiß, was das ist oder wie es heißt." – Wenn ein Kind einen triangulären Blickkontakt zeigt, ist es ganz aufmerksam, was von der erwachsenen Bezugsperson als Reaktion kommt (Sprache, Körpersprache). Dem Kind fällt es leicht, das wichtigste Wort des Gesagten zu wiederholen (*Ba* für das Wort *Ball*) und zu lernen. Nutzen Sie Situationen, in denen Kinder einen triangulären Blickkontakt zeigen und die hohe Aufmerksamkeit und das Interesse des Kindes an dem, was Sie sagen.

Übung: Blickrichtungen

Planen Sie für einige Tage, vor allem auf den triangulären Blickkontakt von Kindern zu achten. Stellen Sie sich folgende Fragen: Wie reagiere ich auf den triangulären Blickkontakt eines Kindes? Gebe ich dem Kind die Möglichkeit, neue Wörter zu lernen oder alte Wörter zu wiederholen? Spreche ich wirklich über das, was es angeschaut hat oder über irgendetwas anderes? Bleibe ich bei dem Objekt oder wende ich mich schnell etwas anderem zu?

Die Schlüsselwortstrategie

Kinder im Alter bis etwa 18 Monate hören vor allem auf die wichtigsten Wörter in Sätzen, auf die **Schlüsselwörter**. Einem Kind fällt es leichter, ein Schlüsselwort zu hören und in der Folge vielleicht sogar selbst zu sprechen, wenn es dieses wiederholt hört. Beim Praxisbeispiel hat der Vater das Wort *Ball* in drei aufeinanderfolgenden Sätzen verwendet. Das Kind konnte das Wort *Ball* somit als Schlüsselwort heraushören und dieses Wort dann sogar selbst sprechen: *Ba*.

Am Ball bleiben

Ideal wäre es in solchen Situationen, noch länger beim Thema zu bleiben und weiter darüber zu sprechen. Im Beispiel würde der Vater das Wort *Ball* noch einmal aufgreifen, die Sätze wiederholen oder neue Sätze (mit *Ball*) sprechen und mit dem Kind in einen kleinen Dialog gehen.

Zeigegesten und andere Signale

In der ersten Hälfte des zweiten Lebensjahres beginnen die Kinder verstärkt, **nichtsprachliche Zeichen** zu verwenden. Das erste nichtsprachliche Zeichen ist meist schon im ersten Lebensjahr

die Zeigegeste. Später kommen andere Gesten dazu, wie zum Beispiel das Kopfschütteln für *Nein*, das Kopfnicken für *Ja*, das Hochziehen der Schultern für *Ich weiß es nicht*, das Reiben über den Bauch für *lecker* und viele andere.
Durch Studien hat man festgestellt, dass Kinder, die viele dieser Zeichen verwenden, die Sprache etwas schneller und flüssiger lernen. Greifen Sie daher die nichtsprachlichen Zeichen von Kindern ruhig auf, setzen Sie selbst viele Gesten ein und zeigen Sie dem Kind, dass Sie seine Zeichen verstehen. Das hilft ihm auch, die Schlüsselwörter in Ihren Sätzen zu identifizieren: Zeigen Sie auf den Ball, wenn Sie von ihm sprechen.

Der Körper spricht mit!

Ich schneide die Banane – Handlungen sprachlich begleiten

Praxisbeispiel: Benennen und Handlungen sprachlich begleiten

Ein Kind, 16 Monate alt, sitzt in der Küche am Tisch im Kinderstuhl, während ein Elternteil – ebenfalls am Tisch sitzend – einen Obstsalat zubereitet. Das Kind beobachtet aufmerksam den Erwachsenen. Der Elternteil spricht während der Zubereitung: „Jetzt nehme ich den Apfel. Und hier ist das Messer. Mit dem Messer schneide ich nun den Apfel klein … Und hier ist die Banane." Das Kind sagt „Nane." Der Erwachsene schaut das Kind an und sagt: „Mmm, lecker, eine Banane. Möchtest du ein Stück Banane?" Das Kind nickt und sagt: „Ja." Der Elternteil: „Dann nehme ich jetzt wieder das Messer. Hier ist das Messer. So, jetzt schneide ich dir ein Stück Banane ab. Mmm, lecker. Hier hast du ein Stück Banane." Das Kind lächelt, greift sich das Bananenstück und sagt: „Nane."

Praxistipps zur Unterstützung der Schlüsselwortstrategie

Die wichtigsten Wörter aus Sätzen von Erwachsenen herauszuhören nennt sich Schlüsselwortstrategie. Sie können die Kinder bei der Schlüsselwortstrategie unterstützen, indem Sie:

- angemessen langsam sprechen,
- nicht übertrieben, aber dennoch deutlich rhythmisch sprechen,
- wiederholen,
- Wortgrenzen einhalten (also statt: „Daliegtjanenball." besser „Da liegt ja ein Ball.") und
- viele Spiele mit dem Kind spielen, die das Rhythmusgefühl unterstützen: Singen, Verse, Kose- und Kniereiterspiele.

Hier können wir viele schon angesprochene Sprachbildungsstrategien beobachten:
Das *Auf-Augenhöhe-Sprechen,* der *Blickkontakt* und die *Wiederholung*. Zudem lassen sich beobachten:

SPRACHBILDUNGSSTRATEGIEN

Benennen

Beim Praxisbeispiel benennt der Elternteil diejenigen Objekte, die im Blickfeld des Kindes sind oder auf die das Kind sogar schaut: „Hier ist das Messer. … Und hier ist die Banane." Werden diejenigen Objekte benannt, die das Kind gerade anschaut, fällt es dem Kind leichter die möglicherweise neuen Wörter in seinen Wortschatz zu übernehmen. Auch Gefühle (des Kindes oder eigene), Situationen und Handlungen können benannt werden.

Handlungsbegleitendes Sprechen

Das handlungsbegleitende Sprechen ist eigentlich ein Spezialfall des Benennens: Handlungen, die die erwachsene Bezugsperson oder das Kind durchführt, werden verbalisiert, also in Form von ganzen Sätzen begleitet. Auch diese Sprachbildungsstrategie erleichtert dem Kind, neue Wörter und Formulierungen in den Wortschatz zu übernehmen.

Baby- und Kleinkindwörter

Fast alle Kinder verwenden im Laufe ihrer Sprachentwicklung das eine oder andere Baby- bzw. Kleinkindwort wie *Heia*, *Pipi* oder *Wauwau*. Diese Wörter haben einen schlechten Ruf, weil sie nicht der Form entsprechen, die ältere Kinder und Erwachsene verwenden. Baby- und Kleinkindwörter gehören aber zur Sprachentwicklung dazu: Ein 18 Monate altes Kind muss nicht *schlafen gehen* sagen, es darf von *Heia machen* sprechen.

Wörter haben viele Bedeutungen

Für Kinder in diesem Alter haben die Wörter noch eine andere Bedeutung als für uns Erwachsene. Wörter sind für Kinder wie Körbe, in die sie all die gemachten Erfahrungen mit einem Objekt packen. Das Wort *Wauwau* könnte zum Beispiel bedeuten: „Das ist das kleine wuselige Etwas, das bei uns immer auf dem Sofa sitzt, das dort raufspringt und wieder runterspringt. Das Etwas mit dem weichen, weißen Fell." Und das Wort *Mama* wird von Kleinkindern nicht in der Bedeutung „Mutter" verwendet, sondern zum Beispiel: „Da ist eine Person, die kuschelt mit mir, tröstet mich, gibt mir zu essen. Die Person ist lieb und freundlich, wechselt mir die Windel und spielt mit mir. Diese Person fühlt sich gut an und ist mir ganz nah." Aus diesem Grund werden Erzieherinnen von manchen Kindern auch *Mama* genannt.

Ins Gespräch kommen – und viel erfahren!

„Da, Wauwau!" ist im Praxisbeispiel unten ein Gesprächsangebot vom Kind an die Erzieherin. Die Erzieherin nimmt das Angebot an und signalisiert: „Ich habe dich verstanden. Ich spreche jetzt gern mit dir", indem sie *Wauwau* wiederholt. Direkt daran anschließend bietet sie dem Kind auch das Erwachsenenwort *Hund* an, sie wiederholt das Wort *Hund* und erweitert es durch *ziemlich großer*.
Beim nächsten Satz versteht die Erzieherin nur das Wort *Hause* und sie vermutet, dass es beim Kind zu Hause ebenfalls einen Hund gibt. Die Erzieherin fragt nach der Größe des Hundes, worauf das Kind mit dem für sie noch unverständlichen Wort *Fips* antwortet. Sie entscheidet sich nach dem Namen des Hundes zu fragen, und jetzt klärt sich, was bzw. wer mit *Fips* gemeint ist. Die Erzieherin signalisiert dem Kind, dass sie es verstanden hat und fragt erneut nach der Größe des Hundes – dieses Mal jedoch nicht als offene Frage („Wie groß …?"), sondern als Auswahlfrage („… groß oder klein?") formuliert.

Praxisbeispiel: Wauwau Fips

Eine Erzieherin und ein Kind (1;10 Jahre alt) stehen auf dem Außengelände der Kita. Am Zaun geht ein Passant mit einem Riesenschnauzer an der Leine vorbei.

Das Kind zeigt auf den Hund und sagt: „Da, Wauwau!"
Die Erzieherin beugt sich etwas zum Kind hinunter und entgegnet: „Genau, da ist ein Wauwau. Ein Hund. Das ist ja ein ziemlich großer Hund."
K.: „Hause Fips."
E.: „Habt ihr zu Hause auch einen Hund?"
Das Kind nickt: „Da." (Ja.)
E.: „Wie groß ist der Hund bei dir zu Hause?"
K.: „Wauwau Fips."
E.: „Wie heißt dein Hund?"
K.: „Fi-ips."
E.: „Ah, dein Hund heißt Fips. Ist Fips groß oder klein?"
K.: „Lein." (Klein.)
E.: „Fips ist ein kleiner Hund. Und welche Farbe hat Fips?"
K.: „Feiß." (Weiß.)
E.: „Ah, Fips ist ein kleiner, weißer Hund. – Und, magst du Fips? Ist Fips ein lieber Hund?"
K.: „Fips lieb."

Praxistipps zum Umgang mit Baby- und Kleinkindwörtern

- Baby- und Kleinkindwörter gehören zur autonomen Kindersprache in diesem Alter und sind nicht falsch, nur weil sie nicht den Erwachsenenwörtern entsprechen.
- Sie dürfen als Zeichen, dass sie das Kind verstanden haben, dass sie aufmerksam und bereit sind, mit dem Kind zu sprechen und als Zeichen der Wertschätzung das vom Kind verwendete Kleinkindwort auch selbst aussprechen. Sie dürfen das! Wenn es Ihnen unangenehm ist, müssen sie es aber nicht selber sagen.
- Kinder sollten irgendwann auch die Erwachsenenwörter verwenden. Damit sie das können, wiederholen Sie das Erwachsenenwort – am besten zwei- oder dreimal, vielleicht in Verbindung mit einer Erweiterung oder einer Frage an das Kind.
- Es gibt keine klare Altersangabe, ab wann ein Kind auf Baby- und Kleinkindwörter verzichten sollte. Das hängt neben dem Alter vom Sprachentwicklungsstand des Kindes, von der Frage, ob das Kind eine Störung im Spracherwerb hat und von der Situation ab. Vertrauen Sie Ihrer Wahrnehmung und Intuition.
- Der Frage, ob Baby- und Kleinkindwörter verwendet werden dürfen, wird viel zu viel Aufmerksamkeit gewidmet. Das wichtigste ist die Sprechfreude auf Seiten des Kindes und dass Sie authentisch sind.

Baby- und Kleinkindwörter gehören zum Spracherwerb dazu!

Der Wortschatz explodiert – die zweite Hälfte des zweiten Lebensjahres

Alles hat einen Namen

Viele Kinder haben zwischen dem 18. und dem 24. Lebensmonat etwa 50 Wörter in ihrem aktiven Wortschatz. Erreichen sie diesen Schwellenwert, gelangen sie zu einer ganz wichtigen Erkenntnis: „Ach, so funktioniert das. Jedes Ding hat also einen Namen (ein Wort)." Die Kinder kommen in das **erste Fragealter**. Sie fragen uns Erwachsene Löcher in den Bauch und wollen die Namen von allen möglichen Dingen wissen: „Was das?", „Und da?" und „Was'n das?" hören Sie nun den ganzen Tag.
Ganz allgemein sind Kinder in diesem Alter sehr interessiert an neuen Wörtern und der Wortschatz explodiert förmlich. Jeden Tag kommen neue Wörter hinzu. Bezeichnet wird dies als **Wortschatzexplosion**.

Sätze werden länger

In der zweiten Hälfte des zweiten Lebensjahres werden die Sätze länger. Aus den Einwortsätzen werden **Zweiwortsätze**: „Mama male." (Mama malt.) „Puppe pielen." ([Ich spiele [mit der] Puppe.) „Eis esse." ([Ich möchte] Eis essen.) Im Praxisbeispiel unten probiert sich das Kind in einer Spielsituation an den Zweiwortsätzen und die Tagesmutter greift das Kommunikationsangebot auf.

Auch hier lassen sich viele der schon bereits erwähnten Sprachbildungsstrategien beobachten: das *Auf-Augenhöhe-Sprechen*, das *Turn-Taking*, die *Wiederholung*. Auch von *Blickkontakt*, einer *freundlichen Stimme* und einem ebensolchen Gesichtsausdruck können wir ausgehen. Außerdem:

SPRACHBILDUNGSSTRATEGIEN

- **Erweiterungen**
  Im Praxisbeispiel hat die Tagesmutter das vom Kind Gesagte durch einige Wörter ergänzt: „… schöne, rote Jacke." Solche Erweiterungen vermitteln dem Kind neue Wörter, die es vorher vielleicht noch nicht kannte. Erweiterungen können aus einzelnen Wörtern, aus Teilsätzen oder auch ganzen Sätzen bestehen.

- **Verbesserte Wiederholung**
  Bei der *verbesserten Wiederholung* wird das vom Erwachsenen wiederholt, was das Kind gesagt hat. Es wird vorher aber in die richtige Form gebracht: Aus *Die Puppe* wird *Genau, da ist die Puppe* und aus *Dacke. Antien* wird *Jacke anziehen*.
  Die verbesserte Wiederholung stellt eine gute Möglichkeit dar, dem Kind das „falsch" Gesagte noch einmal „richtig" zu präsentieren, ohne dass es irritiert ist oder sich kritisiert fühlt.

Praxisbeispiel: Erweitern und Wiederholen

Ein Kind (22 Monate alt) spielt mit seiner Puppe. Die Tagesmutter sitzt auf dem Spielteppich und begleitet das Spiel. Das Kind zeigt der Tagesmutter die Puppe und sagt: „Die Puppe." Die Tagesmutter erwidert: „Genau, da ist die Puppe." Das Kind nimmt die Puppenjacke und sagt: „Da, Dacke." (Da, Jacke.) Die Tagesmutter daraufhin: „Da ist die Jacke. Eine schöne, rote Jacke." Das Kind: „Dacke. Antien." (Jacke. Anziehen.) Die Tagesmutter fragt: „Wer soll der Puppe die Jacke anziehen?" Das Kind schaut die Tagesmutter an, sagt aber nichts. Die Tagesmutter: „Soll ich der Puppe die Jacke anziehen?" Das Kind: „Da." (Ja.) Daraufhin die Tagesmutter: „Dann ziehen wir der Puppe die Jacke gemeinsam an. Was für eine schöne, rote Jacke."

1

Praxistipps zur verbesserten Wiederholung

Verzichten Sie darauf, Kinder direkt zu korrigieren. Also nicht: Kind: „Da, Fant." (Da [ist ein] Elefant.) Erwachsener: „Das heißt Elefant." Lassen Sie das Kind auch nicht nachsprechen. Also nicht: Kind: „Fant." (Elefant.) Erwachsener: „Das heißt Elefant. Sprich mir bitte mal nach: E-le-fant."

Nicht direkt korrigieren

Wenn Sie ein Kind direkt korrigieren oder nachsprechen lassen, fühlt sich das Kind irritiert. Es nimmt Sprache dann nicht als angenehm wahr und wird auf Dauer die Sprechfreude verlieren. Damit ist niemandem geholfen. Möglicherweise ist das Kind – aus welchen Gründen auch immer – noch nicht so weit, das Wort oder den Satz richtig auszusprechen. Auch in diesem Fall würde es sich als nicht sprachkompetent empfinden und die Sprechfreude verlieren.

Wohldosiert einsetzen

Übertreiben Sie es mit der *verbesserten Wiederholung* aber auch nicht. Sie können sie einsetzen, müssen es aber nicht in jeder möglichen Situation. Bei manchen Kindern würden Sie die *verbesserte Wiederholung* sonst in jedem Gespräch einsetzen. Also: wohl dosiert. Vertrauen Sie Ihrer Intuition.

Authentisch bleiben

Bei der *verbesserten Wiederholung* ist es wie bei anderen Sprachbildungsstrategien auch: Die Situation sollte natürlich sein, Sie sollten authentisch wirken und sich wohlfühlen. Alles andere würde nur zur Irritation beim Kind führen.

Phonologische Prozesse

Im zweiten Lebensjahr treten bei allen Kindern **phonologische Prozesse** auf. Das hört sich kompliziert an, ist es aber nicht. Sie kennen solche phonologischen Prozesse: Statt *Kind* wird *Tint* gesagt, statt *Käse Täse*, aus *Vogel* wird *Pogel*, aus *Drachen Grachen*. Es werden also Sprachlaute durch andere Sprachlaute ersetzt. Bei phonologischen Prozessen können Sprachlaute oder ganze Silben auch weggelassen werden: Statt *Frosch* wird *Fosch* gesagt, statt *Blume Bume* und statt *Banane Nane*. Diese und viele andere phonologische Prozesse treten in jeder Sprachentwicklung auf. Kein Kind spricht alle Wörter sofort richtig aus.

Praxistipps zum Umgang mit phonologischen Prozessen

Wie gehen Sie mit Kindern, die viele phonologische Prozesse haben, um? – Zunächst ist es wichtig, zu erkennen, dass im Grunde alle Kinder irgendwelche phonologischen Prozesse haben. Diese Auffälligkeiten sind meist keine Hinweise auf eine Sprachstörung. Aber wo ist die Grenze? Wann sollten Sie Eltern empfehlen, ihr Kind einem Arzt vorzustellen? Um Genaueres zu sagen, muss hierfür eine **phonologische Prozessanalyse** durchgeführt werden. Und das ist eindeutig logopädisches Gebiet und liegt nicht in Ihrem Aufgabenbereich als pädagogische Fachkraft.

Wann Sie den Eltern eine Diagnostik ans Herz legen sollten:

- Das Kind wird von anderen meistens nicht verstanden.
- Das Kind leidet unter seiner unverständlichen Aussprache.
- Sie stellen Hinweise auf eine Hörstörung fest.
- Das Kind hat neben der schlechten Aussprache auch ein unzureichendes Sprachverständnis.
- Sie haben den Eindruck, dass die Aussprache sehr auffällig ist.

Ich ziehe dir jetzt die Schuhe an – Handlungen ankündigen

Das nächste Praxisbeispiel zeigt eine Erweiterung des handlungsbegleitenden Sprechens: das Ankündigen.

Praxisbeispiel: Ankündigen

Eine Erzieherin hat soeben bei einem Kind die Windel gewechselt. Das Kind ist schon wieder fast angezogen und liegt noch auf dem Wickeltisch. Nur die Schuhe fehlen noch. Die Erzieherin nimmt einen Schuh, zeigt ihn dem Kind und sagt: „Hier ist dein Schuh. Ich ziehe dir jetzt die Schuhe an." Die Erzieherin nimmt einen Fuß des Kindes und sagt, während sie den Schuh anzieht: „Ich ziehe dir den Schuh an."

Im Praxisbeispiel kommt zunächst die Sprachbildungsstrategie *Benennen* zum Einsatz („Hier ist dein Schuh.") Auch eine *Wiederholung* („… Schuh … Schuhe … Schuh …") kann beobachtet werden. Wenn die Erzieherin sagt: „Ich ziehe dir den Schuh an", handelt es sich um *handlungsbegleitendes Sprechen*.

Darüber hinaus kommt eine neue Strategie zum Einsatz: Die Erzieherin kündig eine Handlung an, die in naher Zukunft direkt am Kind geschieht („Ich ziehe dir jetzt die Schuhe an.")

SPRACHBILDUNGSSTRATEGIE

Ankündigen

Sinn des Ankündigens ist es, dass sich das Kind sicher fühlt. Stellen Sie sich vor: Das Kind liegt auf dem Wickeltisch. Es sieht die Lampe und die Erzieherin und hat viele andere Wahrnehmungen. Das Kind versucht, alle diese Sinneswahrnehmungen in Einklang zu bringen. Plötzlich greift die Erzieherin einen Fuß des Kindes, um den Schuh anzuziehen. Das Kind wird irritiert sein, möglicherweise sogar ein wenig erschrocken. Es stellt sich Fragen wie: „Was passiert hier gerade? Bin ich sicher? Was ist hier los?" Das Kind begibt sich also auf die Suche nach der Ursache der Irritation und ist nicht aufnahmebereit für das, was die Erzieherin vielleicht im Rahmen des handlungsbegleitenden Sprechens sagt. Durch Ankündigen weiß das Kind, was gleich passieren wird, und es kann sich ganz auf die sprachlichen Äußerungen konzentrieren.

In ganzen Sätzen – das dritte Lebensjahr

Das Lautsystem vervollständigt sich

Zwischen dem 19. und dem 24. Lebensmonat kommen bei den meisten Kindern weitere Laute hinzu, zum Beispiel F (*Fant/Elefant*) und W (*Wind*). Zwischen dem zweiten und dritten Geburtstag lernt das Kind Laute zu sprechen, die überwiegend weiter hinten im Mund gebildet werden, zum Beispiel *K*, *G*, *R* und *J*. Das Lautsystem der Kinder differenziert sich immer weiter.

Wieso, weshalb, warum?

Im Verlaufe des dritten Lebensjahres kommt es zur Verwendung des Wortes *Ich*. Außerdem stellen die Kinder unzählige Fragen und wollen alles ganz genau wissen.

Der Satzbau wird komplexer

Auch die Sätze werden in diesem Lebensjahr länger und bestehen bei den meisten Kindern aus drei, später auch aus noch mehr Wörtern. Komplexe Sätze zu bilden, ist eine große Herausforderung. Daher sollten wir Kinder immer genug Zeit geben, ihre Sätze zu formulieren. Dies zeigt auch das folgende Praxisbeispiel:

Praxisbeispiel: Zeit lassen

Eine Erzieherin schaut sich in der Sitzecke mit einer kleinen Gruppe von Kindern ein Bauernhof-Bilderbuch an. Während der Bilderbuchbetrachtung kommt sie zunächst mit einem Kind (2;7 Jahre alt) näher ins Gespräch.
Kind: „Da, Hund." Erzieherin: „Genau, da ist ein Hund. Der Hund ist ein Schäferhund. Wo steht denn der Hund?" Kind: „An den Baum." Erzieherin: „Ja, der Hund steht an dem Baum. Was macht der Hund denn da?" Das Kind schweigt zunächst. Die Erzieherin wartet ab. Nach einigen Sekunden sagt das Kind: „Nichts. Steht da nur." Die Erzieherin: „Vielleicht guckt der Hund, was die Kinder im Garten machen." Pause. „Magst du Hunde?" Das Kind überlegt und sagt nach einigen Sekunden: „Nein!" Erzieherin: „Warum magst du Hunde nicht?" Das Kind überlegt. Nach einiger Zeit: „Weil, weil, weil … Die sind laut." Erzieherin: „Hunde bellen so laut; deshalb magst du Hunde nicht?" Kind: „Ja, die bellen so laut."

SPRACHBILDUNGSSTRATEGIEN

Abwarten

Ein ganz zentrales Element des Praxisbeispiels ist das Abwarten. Wird Kindern eine Frage gestellt, brauchen sie mitunter recht viel Zeit, um die Frage zu verstehen und sich eine Antwort zu überlegen – viel mehr Zeit als wir Erwachsenen. Bezugspersonen neigen dazu, dem Kind zu wenig Zeit zu lassen und zu früh die Frage nochmals zu stellen oder mehrere Antwortmöglichkeiten vorzugeben.

Transformierte Wiederholung

Im Praxisbeispiel sagt das Kind: „Die sind laut." Der Satz ist im Hinblick auf Aussprache, Grammatik und Wortwahl durchaus korrekt. Die Erzieherin vermutet, dass mit „sind" das Bellen von Hunden gemeint ist. Sie bietet dem Kind ein alternatives Wort an (*bellen*), das das Kind in seiner Antwort aufgreift: „Ja, die bellen so laut."

Dialogorientierung

Die Erzieherin im Beispiel ist sehr am Kind und seiner Meinung interessiert. Sie zeigt ihr Interesse, indem sie dem Kind Fragen stellt, die seinen eigenen Lebensbereich betreffen. Durch die Fragen wird das Kind ermuntert, Antworten zu geben. So können sich sogar längere Dialoge mit jüngeren Kindern ergeben.

Das Gras wächst nicht schneller, wenn man daran zieht – das gilt auch für die Sprache!

Nicht zu viel erwarten!

Eine Anmerkung zum Praxisbeispiel: Niemand kann erwarten, dass ein Kind mit 2;7 Jahren auf die Frage „Warum magst du Hunde nicht?" in einem vollständigen Satz in der Form: „Ich mag keine Hunde, weil die so laut sind. (…, weil die so laut bellen.)" antwortet. Darum geht es in diesem Alter aber auch nicht. Wichtig ist einzig, dass das Kind durch das Stellen von Fragen zum Nachdenken und Antworten angeregt wird.
Als Reaktion auf die Antwort des Kindes kann die erwachsene Bezugsperson dann die Aussage des Kindes indirekt korrigieren (verbesserte Wiederholung), erweitern, transformieren und weitere Fragen stellen, um den Dialog aufrechtzuhalten.

Das zweite Fragealter

In der zweiten Hälfte des dritten Lebensjahres kommen die meisten Kinder in das **zweite Fragealter**. Sie stellen Fragen, deren Antwort eigentlich ganz offensichtlich ist, und wiederholen oft dieselbe Frage. Kinder verhalten sich häufig so, dass sie ihre eigene (sprachliche) Entwicklung vorantreiben. Sie schaffen sich solche Situationen, in denen sie ein bestimmtes (sprachliches) Verhalten festigen und einüben können. Im Praxisbeispiel sorgt das Kind dafür, dass das Gespräch weitergeführt wird.

Praxisbeispiel: Selbstbildungskompetenzen

Ein Erzieher sitzt im Gruppenraum und schneidet am Tisch einen Apfel. Ein Kind tritt an den Tisch heran und es ergibt sich folgender Dialog:
K.: „Was machst du da?"
E.: „Ich schneide einen Apfel."
K.: „Warum?"
E.: „Weil ich den Apfel gern essen möchte."
K.: „Warum?"
E.: „Weil ich Hunger auf den Apfel habe."
K.: „Warum?"
E.: „Ich habe heute Morgen noch nicht gefrühstückt. Möchtest du gern ein Stück von dem Apfel haben?"
K.: „Ja, lecker."

SPRACHBILDUNGSSTRATEGIE

Selbstbildungskompetenzen beachten
Im zweiten Fragealter stellt ein Kind nicht deswegen so viele Fragen, um Weltwissen zu erwerben oder sich zu vergewissern. Es ist eher so, dass die Kinder in diesem Alter grundsätzlich verstanden haben, wie ein Gespräch funktioniert, und sie wollen diese Dialogfähigkeit festigen: Das Kind beginnt das Gespräch („Was machst du da?") und es hält durch die Fragen das Gespräch aufrecht. Oft beendet das Kind auch das Gespräch, indem es sich einfach umdreht und geht. Und genau darum geht es in diesem zweiten Fragealter: Gespräche beginnen, Gespräche aufrechterhalten und Gespräche beenden. Der Erzieher im Beispiel erkennt, dass das Kind nicht deswegen fragt, um sich zu vergewissern oder um Weltwissen zu erwerben, sondern dass es um das Festigen von Dialogfähigkeit geht.

Selbstbildungskompetenzen äußern sich zum Beispiel auch beim ersten Fragealter (siehe 18. bis 24. Lebensmonat, S. 21): Das Kind hat erkannt, dass jedes Ding einen Namen hat, es ist sehr interessiert an neuen Wörtern und es „holt sich" neue Wörter, indem es Erwachsene fragt: „Was (ist) das?"

Praxistipp zum zweiten Fragealter

Das zweite Fragealter ist Ausdruck einer Selbstbildungskompetenz: Das Kind unterstützt dadurch seine eigene Entwicklung.

Lassen Sie sich daher auf das Frage-Antwort-Spiel bei Kindern im zweiten Fragealter ruhig ein. Stellen Sie nicht gleich eine Gegenfrage. (K.: „Was machst du da?“ E.: „Was denkst du denn, was ich hier mache?“) Das Kind bekäme durch eine sofortige Gegenfrage nicht die Gelegenheit, Dialogfähigkeit einzuüben und das Gespräch aufrechtzuhalten. Reagieren Sie in diesen Situationen auch nicht (immer) mit Widerspruchsprovokation. (Situation Apfelschneiden: K.: „Was machst du da?“ E.: „Ich repariere mein Auto.“ K.: „Nein, du schneidest einen Apfel.“ – siehe S. 30)

Wenn Sie im Verlauf des Dialogs eine Frage stellen („Möchtest du gern ein Stück von dem Apfel haben?“), können Sie das Gespräch geschickt zu einem Ende bringen.

Gemeinsamkeiten der Sprachbildungsstrategien

Sie haben jetzt schon viele Sprachbildungsstrategien kennengelernt. Die meisten dieser sprachförderlichen Verhaltensweisen haben Gemeinsamkeiten:

Das Kind fühlt sich wohl und sicher in der Kommunikationssituation

Immer wieder wird das Kind durch Sprachbildungsstrategien in eine Stimmung versetzt, in der es sich wohlfühlt und nicht irritiert ist. Dies ist der Fall beim *Blickkontakt*, beim *freundlichen Gesicht*, bei der *weichen und warmen Stimme*, beim *Respond*, beim *Auf-Augenhöhe-Sprechen*, beim *Spiegeln/Imitieren*, beim *Verzicht auf direkte Korrektur* und bei vielen anderen Sprachbildungsstrategien.
Wird ein Kind in einer Kommunikationssituation irritiert, begibt es sich auf die Suche nach der Ursache der Irritation. Es wäre dann nicht mehr so aufnahmebereit für das eigentliche Gespräch, weil es mit etwas anderem beschäftigt wäre.

Das Kind schenkt dem Objekt oder der Situation seine Aufmerksamkeit

Viele Sprachbildungsstrategien beziehen sich inhaltlich genau auf das, wo die momentane Aufmerksamkeit des Kindes liegt. Dies ist der Fall beim *Benennen* (Das Kind schaut auf ein Objekt, und genau dieses Objekt wird benannt.), beim *handlungsbegleitenden Sprechen* (Die Handlung wird sprachlich begleitet, die das Kind gerade vollzieht oder beobachtet.), beim *triangulären Blickkontakt* (Das Kind schaut wechselseitig ein Objekt und eine Bezugsperson an, und genau über dieses Objekt wird gesprochen.) oder auch bei der *verbesserten Wiederholung* (Nur an der Form wird etwas verändert, nicht am Inhalt.). Ein Kind ist viel aufnahmebereiter, wenn es um die Dinge geht, mit denen es ohnehin gerade beschäftigt ist, als wenn seine Aufmerksamkeit erst auf ein Objekt oder eine Situation gelenkt werden muss.

Selbstreflexion: Sprachbildungsstrategien im Alltag

Welche Sprachbildungsstrategien setzen Sie ein? Nehmen Sie sich Zeit und beobachten Sie sich und die Kinder in wiederkehrenden Kommunikationssituationen mithilfe des Reflexionsbogens im Anhang (S. 88).

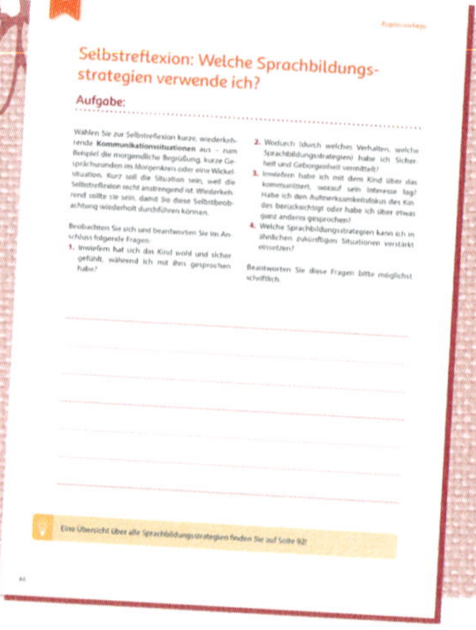
Selbstreflexion: Welche Sprachbildungsstrategien verwende ich?

Aufgabe:

Wählen Sie zur Selbstreflexion kurze, wiederkehrende **Kommunikationssituationen** aus – zum Beispiel die morgendliche Begrüßung, kurze Gesprächsrunden im Morgenkreis oder eine Wickelsituation. Kurz soll die Situation sein, weil die Selbstreflexion recht anstrengend ist. Wiederkehrend sollte sie sein, damit Sie diese Selbstbeobachtung wiederholt durchführen können.

Beobachten Sie sich und beantworten Sie im Anschluss folgende Fragen:

1. Inwiefern hat sich das Kind wohl und sicher gefühlt, während ich mit ihm gesprochen habe?
2. Wodurch (durch welches Verhalten, welche Sprachbildungsstrategien) habe ich Sicherheit und Geborgenheit vermittelt?
3. Inwiefern habe ich mit dem Kind über das kommuniziert, worauf sein Interesse lag? Habe ich den Aufmerksamkeitsfokus des Kindes berücksichtigt oder habe ich über etwas ganz anderes gesprochen?
4. Welche Sprachbildungsstrategien kann ich in ähnlichen zukünftigen Situationen verstärkt einsetzen?

Beantworten Sie diese Fragen bitte möglichst schriftlich.

Eine Übersicht über alle Sprachbildungsstrategien finden Sie auf Seite 92!

Ich erzähl euch was – das vierte Lebensjahr

Das Sprachsystem differenziert sich aus

Im vierten Lebensjahr vervollständigt sich das Lautsystem, und die phonologischen Prozesse (siehe S. 22) verschwinden mehr und mehr.

Der Wortschatz nimmt weiter erheblich zu und der Satzbau wird immer besser: Das Verb steht in Aussagesätzen an zweiter Stelle („Wir gehen heute ins Theater", und nicht mehr: „Wir heute ins Theater gehen.") In diesem Alter können die meisten Kinder auch schon Nebensätze bilden: „Ich ziehe mir die Stiefel an, weil es draußen regnet."

Die Bedeutung der Peergroup

Studien haben gezeigt, dass die Kommunikation von Kindern untereinander für den Spracherwerb mindestens genauso wichtig ist wie die Kommunikation von Kindern mit erwachsenen Bezugspersonen. Im vierten Lebensjahr werden Freundschaften und die **Peergroup** immer wichtiger für die Kinder. Diese **Peergroup-Interaktion** ist vor allem für Kinder mit verzögerter Sprachentwicklung, mit Störungen in der Sprachentwicklung und für Kinder, die Deutsch als Zweitsprache erwerben, von Bedeutung.

Praxisbeispiel: Redirect

Eine Erzieherin sitzt am Tisch. Ein Kind (3;7 Jahre alt) tritt an sie heran und fragt: „Kannst du mit mir Lego spielen?" Die Erzieherin sagt daraufhin: „Anna spielt doch auch gern mit Lego. Frag doch mal Anna, ob sie mit dir Lego spielen möchte." Das Kind: „Au ja." Es geht zu Anna und fragt: „Spielst du mit mir Lego?" Anna nickt, und wenige Minuten später spielen die Kinder Lego miteinander. Es lassen sich angeregte Dialoge zwischen beiden Kindern beobachten.

SPRACHBILDUNGSSTRATEGIE

Redirect (Weiterleitung)
Kinder erwerben Sprache vor allem auch, indem sie miteinander sprechen. Jede Maßnahme, die die Kommunikation der Kinder untereinander fördert, ist daher eine Sprachbildungsstrategie.
Redirect bedeutet, dass die Anfrage eines Kindes an einen Erwachsenen an ein anderes Kind weitergeleitet wird.

Praxisbeispiel: Peergroup-Interaktion

Ein Erzieher schaut sich mit fünf Kindern ein Bilderbuch zum Thema *Zoo* an. Alle Kinder sind zwischen 3;0 und 4;0 Jahren alt. Die Seite mit dem Elefantengehege ist aufgeschlagen.

Kind 1: „Dabeda biba fant dedolle." (Das Kind spricht unverständlich.)
Die Kinder schweigen und überlegen, was Kind 1 gesagt haben könnte. Der Erzieher hat *fant* als *Elefant* verstanden.
Erzieher: „Genau, da ist ein Elefant. Ein ziemlich großer Elefant."
K. 1: „Dale Mama too teine fant."
K. 2 direkt im Anschluss: „Der Elefant frisst ja Heu."
Erzieher geht noch mal auf die Aussage von Kind 1 ein: „Hast du schon mal einen kleinen Elefanten gesehen?"
K. 1: „Da." (Ja.)
E.: „Mit wem warst du da im Zoo?"
K. 1: „Mit Mama. Teine Fant, Baby."
K. 2: „Ich habe auch schon mal einen Babyelefanten gesehen. Der war sooo süß."
K. 3: „Ich auch. Der war aber größer als ich."

Praxistipp zur Kommunikation der Kinder untereinander

Im Praxisbeispiel hat Kind 1 offensichtlich eine Störung im Spracherwerb. Wenn es spricht, wird es von den anderen Kindern kaum verstanden. Dadurch, dass der Erzieher das von ihm Verstandene wiederholt und immer wieder Bezug auf die Aussagen des Kindes nimmt, bleibt Kind 1 als Kommunikationspartner in der Gruppe.
Der Kommunikationsfluss zwischen Kind 1 und den anderen Kindern reißt nicht ab. So wird Kind 1 nicht aus dem Kommunikationsprozess ausgeschlossen und kann von dieser Gesprächssituation enorm profitieren.
Für Sie als pädagogische Fachkraft ist es wichtig, dass Sie die Peergroup-Interaktion unterstützen. Eine Möglichkeit sind *Redirects*. Eine andere Möglichkeit ist es, dass Sie darauf achten, dass die Kommunikation zwischen Kindern aufrechterhalten bleibt. Dies gilt vor allem für Kinder, für die der Spracherwerb – aus welchen Gründen auch immer – eine größere Herausforderung darstellt

Mit Widersprüchen im Gespräch bleiben

Das Kind zum Nachdenken zu bringen und das Gesagte aktiv zu hinterfragen, ist eine weitere Möglichkeit, ein Gespräch aufrechtzuerhalten. In diesem Alter kann man Kinder auch schon einmal mit einem offensichtlichen Widerspruch aus der Reserve locken:

Praxisbeispiel: Widerspruchsprovokation

Eine Erzieherin fertigt gerade ein Plakat für das kommende Sommerfest an. Ein Kind (3;11 Jahre alt) wendet sich an sie und fragt: „Was machst du da?" Die Erzieherin antwortet: „Ich repariere mein Auto." Das Kind lacht und sagt daraufhin: „Nein, du reparierst nicht dein Auto. Du malst etwas auf das Papier." Erzieherin: „Stimmt, ich male das Plakat für unser Sommerfest nächste Woche fertig." – Es entwickelt sich ein lebhaftes Gespräch über das bevorstehende Sommerfest. Andere Kinder kommen hinzu und bringen sich in das Gespräch ein.

SPRACHBILDUNGSSTRATEGIE

Widerspruchsprovokation

Die Antwort der Erzieherin auf die Frage des Kindes hat einen Widerspruch provoziert. Äußert ein Kind eine gegenteilige Meinung („Nein, du reparierst nicht dein Auto."), folgt darauf häufig noch eine Begründung oder Klarstellung („Du malst etwas auf das Papier.") Dies kann dann Ausgangspunkt für einen weitergehenden Dialog sein.
Bei Kindern im zweiten Fragealter (meistens Ende des dritten und Anfang des vierten Lebensjahres) sollten Sie auf Widerspruchsprovokation eher verzichten.

Die Sprachentwicklung kommt zum Ende – das fünfte und sechste Lebensjahr

Im fünften und sechsten Lebensjahr vervollständigen sich die sprachlichen Fähigkeiten. Mit dem sechsten Geburtstag gilt der Spracherwerb als im Wesentlichen abgeschlossen. Die Sprachbildung können Sie aber trotzdem weiter unterstützen: Dafür bieten sich natürlich alle bisher kennengelernten Sprachbildungsstrategien an. Aber vor allem offene Fragen, die zum Erzählen anregen, sind jetzt besonders wichtig.

In diesem Alter:

- können die meisten Kinder sämtliche Laute bilden und verwenden,
- ist die Grammatikentwicklung abgeschlossen (Verwendung unterschiedlicher Zeiten und Fälle, richtige Reihenfolge von Wörtern in Sätzen, Satzkonstruktionen aus Haupt- und Nebensatz, Steigerung von Adjektiven usw.) und
- haben die Kinder einen aktiven Grundwortschatz von ca. 2 000 bis 3 000 Wörtern.

Praxisbeispiel: Offene Fragen

Eine Erzieherin unterhält sich in einer Kleingruppe mit 4- und 5-jährigen Kindern. Es geht um das kommende Karnevalsfest.
Erzieherin: „A. (Name Kind 1), als was möchtest du dich zum Karneval verkleiden?"
Kind 1: „Als Hexe."
E.: „Wie verkleidest du dich denn? Was ziehst du dann an?"
K. 1: „Ich, ich, ich ziehe meine Hose mit Kringeln an und, und … und mein Kleid mit Glitzer."
E.: „Oh, du hast ein Kleid mit Glitzer … mit Glitzerperlen?"
K. 1: „Ja."
E.: „Trägst du auch etwas auf dem Kopf?"
K. 1: „Ja."
E.: „Was trägst du denn auf dem Kopf?"
K. 1: „Na, einen Hut. Meinen Hexenhut."
E.: „Wie sieht denn dein Hexenhut aus?"
K. 1: „Der ist schwarz und hat eine Spitze."
E.: „Und wie zauberst du dann?"
K. 1: „Na, ich nehme meinen, meinen … meinen Zauberstab und mein Buch und dann … dann hexe ich."
E.: „Was ist denn das für ein Buch?"
K. 1: „Das ist doch mein Hexenbuch. Da stehen die Zaubersprüche drin."
E.: „Was für einen Zauberspruch kennst du denn schon?"
K. 1: „Hokuspokus Fidibus, dreimal schwarzer Kater und dann: Hex, hex."
Die Erzieherin wendet sich an die anderen Kinder: „Kennt jemand noch einen anderen Zauberspruch?"
K. 2: „Ja! Ene, mene 1, 2, 3, Sonnenschein kommt jetzt herbei."

Es entwickelt sich eine angeregte Diskussion zwischen den Kindern über Hexen, Zauberer und Zaubersprüche. Drei Kinder verabreden sich für das Freispiel zum Hexen-und-Zauberer-Spielen.

SPRACHBILDUNGSSTRATEGIE

Offene Fragen

Bei offenen Fragen gibt es mehrere Antwortmöglichkeiten. Offene Fragen werden meistens mit Fragewörtern wie „Wie, warum, womit, was …“ eingeleitet und werden daher auch als W-Fragen bezeichnet. Diese Fragestellungen laden dazu ein, nicht nur mit einem Wort, sondern auch länger und in vollständigen Sätzen zu antworten. Offene Fragen können eine Grundlage für Dialoge sein.

Im Praxisbeispiel können Sie beobachten, dass Kind 1 auf geschlossene Fragen nur ganz kurz antwortet. Erzieherin: „… mit Glitzerperlen?“ (Ja/Nein-Frage) – Kind 1: „Ja.“ Und Erzieherin: „Trägst du auch etwas auf dem Kopf?“ (Ja/Nein-Frage) – Kind 1: „Ja.“ Stellt die Erzieherin jedoch W-Fragen (Was? Wie?) wird das Kind zu längeren Antworten angeregt.

Selbstreflexion: Wie? Weshalb? Warum?

Ob gemütlich bei einem Bilderbuch, im Morgenkreis oder beim Essen – Kommunikationssituationen gibt es viele im Kita-Alltag. Wählen Sie eine aus, die Sie einmal ganz genau beobachten wollen: Stellen Sie den Kindern viele offene Fragen? Kommen Sie gut miteinander ins Gespräch?

Ihre Beobachtungen können Sie in dem Reflexionsbogen im Anhang (S. 87) festhalten. Wiederholen Sie die Reflexion von Zeit zu Zeit: Bemerken Sie eine Veränderung?

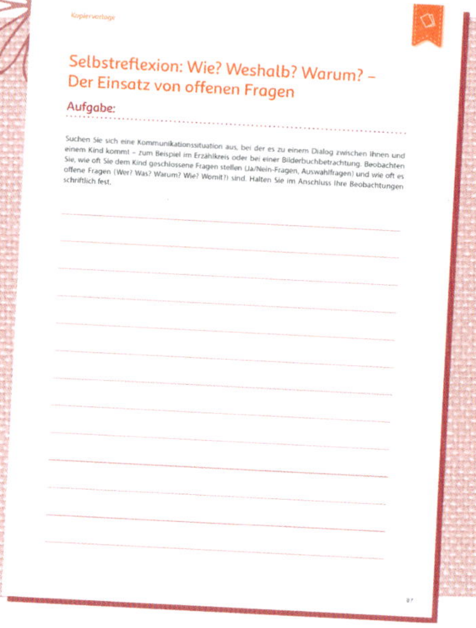
Kopiervorlage

Selbstreflexion: Wie? Weshalb? Warum? – Der Einsatz von offenen Fragen

Aufgabe:

Suchen Sie sich eine Kommunikationssituation aus, bei der es zu einem Dialog zwischen Ihnen und einem Kind kommt – zum Beispiel im Erzählkreis oder bei einer Bilderbuchbetrachtung. Beobachten Sie, wie oft Sie dem Kind geschlossene Fragen stellen (Ja/Nein-Fragen, Auswahlfragen) und wie oft es offene Fragen (Wer? Was? Warum? Wie? Womit?) sind. Halten Sie im Anschluss Ihre Beobachtungen schriftlich fest.

87

Ein Sprachvorbild sein – so gelingt es

Kinder lernen unter anderem am Modell und durch Imitation. Seien Sie daher ein gutes Sprachvorbild:

- Lassen Sie Ihre Gesprächspartner (Kinder, Kolleginnen/Kollegen, Eltern) **ausreden**. Unterbrechen Sie sie nicht und verzichten Sie darauf, noch nicht Ausgesprochenes vorwegzunehmen. Geben Sie Ihren Gesprächspartnern – vor allem den Kindern – Zeit.
- Sprechen Sie überwiegend in **vollständigen Sätzen**. Selbstverständlich gibt es immer wieder mal Situationen, in denen verkürzte Sätze oder einzelne Wörter angemessen sind. Beim Benennen von Gegenständen wird häufig nur ein Wort oder ein verkürzter Satz gesprochen. Abgesehen von solchen Situationen lernen die Kinder mehr, wenn Sie in vollständigen Sätzen sprechen. Statt: „Mittagessen!" besser: „Es gibt jetzt Mittagessen."
- Sprechen Sie **angemessen deutlich**. Der Schwerpunkt liegt nicht nur auf deutlich, sondern auch auf angemessen. Übertreiben Sie es nicht. Das würde beim Kind nur zur Irritation führen. Das Kind wäre dann mit Ihrer „seltsamen" Aussprache beschäftigt und hätte nur noch wenig Kapazitäten für das eigentliche Gespräch. Sprachbildung würde so eher verhindert. Achten Sie darauf, dass Sie sich auch mit Ihrer Aussprache wohlfühlen, dass sie Ihnen entspricht, dass Sie **authentisch** sind.
- **Halten Sie Wortgrenzen** möglichst **ein**. Bei der Frage „Hasseschongehört?" (Hast du schon gehört?) kann es gerade für jüngere Kinder und solche, die Deutsch als Zweitsprache erwerben, schwierig sein, zu erkennen, aus welchen Wörtern der Satz eigentlich besteht. Das ist aber gerade zu Beginn des (Zweit-) Spracherwerbs besonders wichtig. Auch hier brauchen Sie es nicht zu übertreiben. Sprechen Sie einfach so, dass Sie sich wohlfühlen und dass gleichzeitig alle Wörter auch als einzelne Wörter hörbar sind.
- Für ältere Kinder ist es wichtig, dass sie auch mögliche **Alternativen für häufig verwendete Wörter** kennenlernen. Sprechen Sie daher **variantenreich**. Nicht immer nur das Wort *sagen* verwenden, sondern auch: *(aus)sprechen, antworten, reden, schweigen* (anstatt *sagt nichts*), *erklären, bemerken …*

Übung: Wie kann man noch sagen?

Jeder hat seine Lieblingswörter, die er immer wieder sagt. Wie ist das bei Ihnen? Variieren Sie Ihre Sprache oft? Ein gutes Mittel, das herauszufinden, ist die Übungsaufgabe im Anhang (S. 88): Finden Sie für jeden Begriff eine oder mehrere Alternativen? Wie schlagen sich Ihre Kolleginnen und Kollegen? Sie können auch einen kleinen Wettbewerb aus der Aufgabe machen: Wer findet die meisten und ungewöhnlichsten Wörter?

Kopiervorlage

Übung: Wie kann man noch sagen? – Variantenreiche Sprache

Aufgabe:

Suchen Sie alternative oder genauere Wörter für die folgenden Begriffe.

In der Gegenwart

In naher Zukunft

Groß

Klein

Sich zu Fuß bewegen

Lösungsvorschläge finden Sie auf S. 91

88

Wörter zu Papier bringen

Vorbereitung auf den Schriftspracherwerb

Schreiben lernen die Kinder erst in der Schule? Weit gefehlt! Der Schriftspracherwerb ist ein Entwicklungsprozess, der lange vor der Einschulung beginnt: Die meisten Kinder kennen schon in der Kindergartenzeit einige Buchstaben und können bereits ihren Namen schreiben – doch bevor das möglich ist, müssen sich die Kinder intensiv mit Sprache, Wörtern und ihren Lauten auseinandergesetzt haben. Das folgende Kapitel widmet sich der Frage, wie Sie die Kinder hierbei unterstützen können.

Vorbereitung auf den Schriftspracherwerb

Buchstaben und Laute

Viele Kinder kommen schon vor der Einschulung in Kontakt mit Buchstaben. Vielleicht können sie ihren Namen schreiben oder einzelne Buchstaben in Wörtern erkennen – wie in diesem Beispiel:

Praxisbeispiel: Lautieren

Ein Kind (5;7) hat seinen Namen (Tim) geschrieben und zeigt dies einem Erzieher.
Erzieher: „Du hast ja deinen Namen geschrieben." Die Buchstaben werden vom Erzieher lautiert: „*t* (zeigt auf das *T*), *i* (zeigt auf das *I*) und *m* (zeigt auf das *M*)."
Kind: „Papa sagt, das ist ein Tee." (Kind zeigt auf das *T*)
Erzieher: „Ja, das ist ein *t* (lautiert) und das *t* (lautiert) hat den Namen *Tee*."
Das Kind zeigt auf das *T* und sagt: „t." (lautiert)

Als Vorbereitung auf den Schriftspracherwerb ist es wichtig, dass die Kinder die Buchstaben so kennenlernen, wie sie klingen (als Laute) und nicht mit ihrem Namen. Das bedeutet: nicht *Tee*, sondern *t*. Nicht *Ell*, sondern *l* usw.
Lernen Kinder Buchstaben vorwiegend mit ihrem Namen kennen und nicht wie sie klingen, kann das zu erheblichen Schwierigkeiten beim Schreibenlernen führen. Ein Kind würde dann zum Beispiel *essen* so schreiben: *sn* (*ess enn*) und den Namen *Beate* so: *Bat* (*Bee Aa Tee*).

Achten Sie daher darauf, die Buchstaben als Laute auszusprechen (*m*, *l*, *t*) und nicht als Buchstabennamen (*Emm*, *Ell*, *Tee*). Insofern sind auch die meisten Buchstabenlieder nicht sinnvoll. („Aa, Bee, Tsee, Dee, Ee, Eff, Gee…")

Manche Kinder kennen von ihren Eltern die Buchstabennamen. Wie im Praxisbeispiel brauchen Sie hier nicht zu sagen: „Das ist kein *Tee*. Das ist ein *t*." Sie können unterscheiden zwischen Laut, also dem Klang des Buchstabens („Das ist ein *t*.") und dem Buchstabennamen .

Übungsaufgabe: Lautieren

Wir alle formen ganz automatisch Laute zu Wörtern. Die Wörter in Laute zu zerlegen, kann daher ganz schön knifflig sein. Im Anhang (S. 89) finden Sie eine Übung dazu!

Übung: So klingen Wörter – Lautieren
Aufgabe:

Phonologische Bewusstheit

Gerade für den Schriftspracherwerb ist es wichtig, dass die Kinder eine gut ausgebildete phonologische Bewusstheit haben. Bei der phonologischen Bewusstheit geht es darum, sich vom Inhalt von Sprache zu lösen und sich den formalen Eigenschaften von Sprache zuzuwenden.

Praxisbeispiel: Reimen

Ein Erzieher sitzt mit mehreren Kindern in der Sitzecke. Gespielt wird ein Spiel, bei dem es darum geht, Reimwörter zu finden.
Erzieher: „Was reimt sich denn auf Bein?"
Kind 1 (4;10 Jahre alt): „Swein." (Schwein)
E.: „Genau, Schwein reimt sich auf Bein."
K. 2 (5;2 Jahre alt): „Und klein auch."
E.: „Ja, klein reimt sich auch auf Bein. Schwein – Bein – klein."
E.: „Was reimt sich denn auf Haus?"
K. 3 (3;4 Jahre alt): „Dach."
K. 2: „Nein, Dach reimt sich doch gar nicht auf Haus. – Maus reimt sich auf Haus."

Im Beispiel war das jüngste Kind noch ganz beim Inhalt von Sprache und antwortet auf die Frage, was sich auf Haus reimt, mit „Dach". Inhaltlich hat das Wort *Dach* etwas mit dem Wort *Haus* zu tun, was die Form anbelangt nicht. Dieses Kind hat noch eine sehr gering ausgebildete phonologische Bewusstheit. Mit zunehmendem Alter entwickelt sich die phonologische Bewusstheit immer mehr.

Zur phonologischen Bewusstheit gehören die Fähigkeiten:

- lange von kurzen Wörtern zu unterscheiden,
- lange von kurzen Sätzen zu unterscheiden,
- Reimwörter zu finden,
- Silben-Klatschen,
- Anlaute zu erkennen („Hörst du ein *A* in Ameise?" „Hörst du ein *E* in Esel?").

Für den Schriftspracherwerb besonders wichtig sind die Fähigkeiten:

- Wörter in einzelne Laute zu unterteilen (*Ball* ≙ *b – a – l*) und
- einzelne Laute zu Wörtern zusammenzuziehen (*w – a – l* ≙ *Wal*)

Spezielle Programme helfen, die phonologische Bewusstheit bei Kindern zu fördern. Wir haben zwei Programme für Sie herausgesucht – diese Tipps und viele weitere Literaturhinweise finden Sie im Anhang (S. 93 und 94).

3

Meilensteine der Sprachentwicklung

Ein Überblick

Der Spracherwerb ist so individuell wie jedes Kind selbst. Und doch gibt es Orientierungspunkte, anhand derer eingeschätzt werden kann, ob ein Kind in seiner Sprachentwicklung vielleicht verzögert ist. Wenn ein Kind in einem bestimmten Alter einen gewissen Sprachstand noch nicht erreicht hat, sollten Sie den Eltern den Gang mit ihrem Kind zu einem Arzt empfehlen. Es muss zwar nicht unbedingt bedeuten, dass das betreffende Kind eine Störung im Spracherwerb hat, es besteht aber ein erhöhtes Risiko. Sogenannte Marker bzw. Orientierungspunkte geben Auskunft darüber, ob der Besuch beim Arzt notwendig ist. Diese stellen wir im folgenden Kapitel vor.

Marker und Orientierungspunkte im Spracherwerb

1. Alter 2;0 Jahre: Aktiver Wortschatz

Mit 2 Jahren sollte ein Kind mindestens **50 Wörter im aktiven Wortschatz** haben, das heißt, diese Wörter nicht nur verstehen, sondern sie auch selbst sprechen. Dabei kommt es nicht darauf an, dass die Wörter richtig ausgesprochen werden. *Nane* für *Banane* und *Fos* für *Frosch* zum Beispiel gelten als gesprochene Wörter. Ebenfalls werden **Baby- und Kleinkindwörter** wie *Heia* und *Wauwau* dazugezählt.
Mitunter ist es schwierig, die genaue Anzahl der von einem Kind gesprochenen Wörter zu ermitteln. Aber wenn es nur 10 Wörter sind, dann sind es eindeutig weniger als 50 Wörter, wenn es 100 sind, sind es eindeutig mehr als 50 Wörter.
Diejenigen Kinder, die mit 24 Monaten weniger als 50 Wörter im aktiven Wortschatz haben, werden als **Late-Talker** (Spätsprecher, siehe S. 49) bezeichnet. Das ist keine Diagnose und keine Störung. Einige Kinder entwickeln aus dieser verzögerten Sprachentwicklung allerdings ein Störungsbild, sodass es gut ist, wenn der (Kinder-)Arzt frühzeitig im Bilde ist.

4. Alter 3;5 Jahre: Satzbau

Mit 3;5 Jahren sollte ein Kind das **Verb im Aussagesatz** an die zweite Stelle setzen (**Verbzweitstellung**). Also nicht mehr: „Ich Eis essen will/möchte.", sondern: „Ich möchte/will Eis essen." Ist das mit 3;5 Jahren überwiegend noch nicht der Fall, besteht die Gefahr, dass das Kind eine Störung im Grammatikerwerb hat. Sie sollten den Eltern den Gang zu einem Arzt empfehlen, um dies abklären zu lassen.

5. Alter 3;5 Jahre: Subjekt-Verb-Kongruenz

Ebenfalls mit 3;5 Jahren gibt es einen weiteren Marker, der ein Hinweis auf eine Störung im Grammatikerwerb sein kann. Genannt wird dieser Marker **Subjekt-Verb-Kongruenz**. Das hört sich kompliziert an, ist aber eigentlich ganz einfach: Achten Sie einfach darauf, ob das Kind am Ende des Verbs nach dem Personalpronomen *du* die Form *-st* verwendet.
Zum Beispiel: *du hör**st***, *du geh**st***, *du ging**st***, *du schwimm**st***, *du spiel**st***, aber auch falsche Formen mit *-st* am Ende: *du schwimmte**st*** oder *du gang**st***. Bei all diesen Verben steht das *-st* am Ende. Ist das Kind 3;5 Jahre oder älter und verwendet es die *-st* am Ende des Verbs nach einem *du* nicht (*du hört, du schwimme, du gehen*), dann kann dies ein Hinweis auf eine Störung im Grammatikerwerb sein.

2. Alter 2;0 Jahre: Zweiwortsätze

Ebenfalls spätestens mit 2 Jahren sollte ein Kind beginnen, nicht mehr nur Einwortsätze, sondern auch **Zweiwortsätze** zu produzieren. Meistens geht das mit einem aktiven Wortschatz von mehr als 50 Wörtern einher. Auch das Fehlen von Zweiwortsätzen ist ein Hinweis darauf, dass das betreffende Kind ein Late-Talker ist.

3. Alter 2;6 Jahre: Wortschatzexplosion

Mit 2;5 Jahren sollte ein Kind mindestens etwa **200 Wörter im aktiven Wortschatz** haben. Spricht ein Kind in diesem Alter deutlich weniger als 200 Wörter, ist es wahrscheinlich ein Late-Talker-Kind und es besteht das Risiko, dass es eine Sprachentwicklungsstörung entwickelt. Die genaue Anzahl von gesprochenen Wörtern in diesem Alter zu bestimmen, ist fast unmöglich. Ob es allerdings eher 40, eher 200 oder eher 400 Wörter sind, lässt sich meistens sagen. Empfehlen Sie den Eltern, wenn die Wortanzahl deutlich unter 200 liegt, den Besuch mit dem Kind bei einem Arzt.

6. Alter 5;0 Jahre: Lautsystem komplett

Zum fünften Geburtstag sollte ein Kind sämtliche Laute verwenden und richtig aussprechen – von wenigen Ausnahmen einmal abgesehen. Hat ein Kind mit 5 Jahren noch viele Lautfehlbildungen, besteht die Gefahr, dass es Schwierigkeiten beim Schriftspracherwerb in der Schule bekommt.

Zu den Ausnahmen gehört der vorn gerollte *R*-Laut (das Zungenspitzen-R), der allerdings in Deutschland ohnehin nur regional verwendet wird. Auch dürfen die Kinder in diesem Alter die S-Laute lispeln. Vor allem während des Zahnwechsels der Schneidezähne gibt es oft diese Fehlbildung bei den S-Lauten. Bei allen anderen fehlerhaften Lautverwendungen empfehlen Sie den Eltern des Kindes am besten einen Arztbesuch.

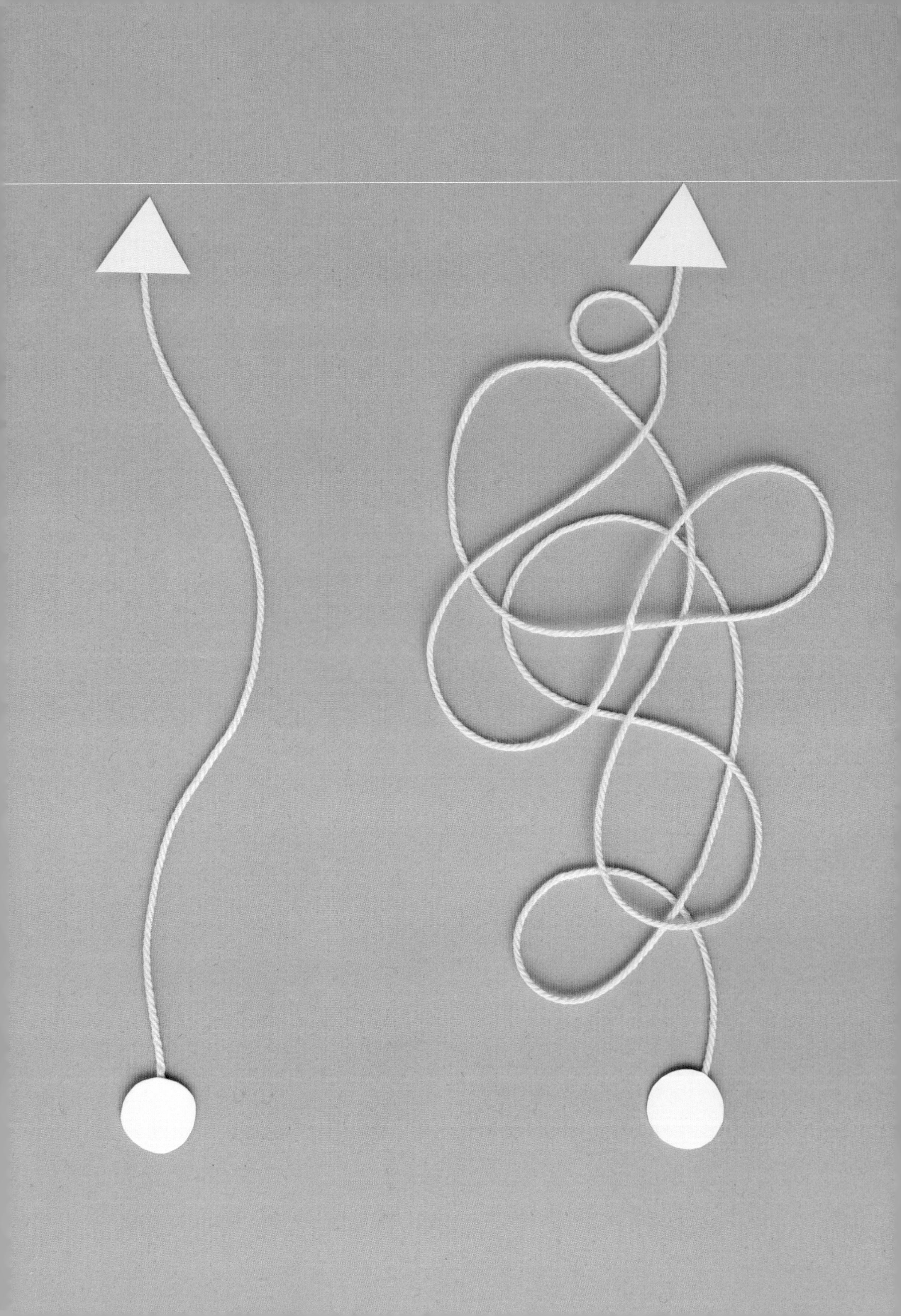

4

Auf Umwegen zum Ziel

Auffälligkeiten im Spracherwerb

Manche Kinder sprudeln über vor lauter Wörter, andere sind eher zurückhaltend und reden nicht so viel. Doch was, wenn ein Kind einen Meilenstein nicht erreicht oder Ihnen die Aussprache des Kindes auffällt?

Als pädagogische Fachkraft ist es nicht Ihre Aufgabe, bei Kindern eine Diagnostik der Sprachentwicklung durchzuführen. Dennoch kann es sinnvoll sein, sich im Hinblick auf Auffälligkeiten und Störungen ein wenig auszukennen – gerade auch im Hinblick auf Elterngespräche.

Schauen wir uns zunächst ein paar Auffälligkeiten im Spracherwerb näher an. Auffälligkeiten stellen zunächst einmal keine Störung dar, sondern sind im wahrsten Wortsinn nur Auffälligkeiten in dem Sinne, dass sie auffallen.

4

Auffälligkeiten im Spracherwerb

Expressiver Spracherwerbsstil

19 von 20 Kindern erwerben Sprache ähnlich wie im ersten Teil des Praxisratgebers beschrieben. Dieser Spracherwerbsstil nennt sich **nominaler** oder auch **referentieller Spracherwerbsstil**: Zunächst sprechen die Kinder einzelne Wörter, dann Zweiwortsätze, später Drei- und Mehrwortsätze. Der Wortschatz nimmt mit der Wortschatzexplosion stark zu. Es treten phonologische Prozesse auf, die sich im Laufe des Spracherwerbs wieder zurückbilden.

Etwa eines von 20 Kindern zeigt allerdings den **expressiven Spracherwerbsstil**, bei dem es zu Auffälligkeiten auf allen sprachlichen Ebenen kommt: Der Wortschatz ist stark eingeschränkt und man versteht die Kinder kaum. Kognitiv sind die Kinder aber altersgemäß entwickelt und das Sprachverständnis ist nicht beeinträchtigt.
Weil dieser Spracherwerbsstil so ungewöhnlich und auch recht selten ist, wird er manchmal als Störung fehlgedeutet. Im Laufe der Sprachentwicklung kommen bei Kindern mit dieser Form des Spracherwerbs mehr und mehr verständliche Wörter hinzu. Zum dritten Geburtstag ist die Aussprache vieler Kinder mit expressivem Spracherwerb zumindest zum Teil verständlich.

Folgende Merkmale weisen auf einen expressiven Spracherwerbsstil hin:

- Kinder mit dieser Form des Spracherwerbs haben meistens eine große Sprechfreude.
- Sie reden oft sehr viel, man versteht sie aber kaum bis gar nicht.
- Diese Kinder haben eine wunderbare Sprechmelodie und einen deutlichen Sprechrhythmus.
- Sie haben häufig eine deutliche Körpersprache (Gestik und Mimik).
- Das Sprachverständnis ist in der Regel altersgemäß entwickelt.
- Kinder mit einem expressiven Spracherwerbsstil können genauso wie Kinder mit einem nominalen Spracherwerbsstil eine Störung entwickeln. Grundsätzlich ist der expressive Spracherwerbsstil allerdings kein Zeichen für eine Störung.

Praxisbeispiel: Expressiver Spracherwerbsstil

Ein Kind (2;5 Jahre alt) tritt an die Erzieherin heran. Mit einem Lächeln im Gesicht und offensichtlich begeistert sagt es mit deutlichem Sprechrhythmus und einer lebendigen Sprechmelodie: „Abedahuida paleda ataledabu …" Die Erzieherin begibt sich auf Augenhöhe, schaut das Kind an und fragt freundlich und die Begeisterung spiegelnd: „Du hast etwas ganz Schönes erlebt? Was hast du denn gemacht?" Das Kind entgegnet wieder begeistert: „Dabalelelade Too tatape … Apeladede Tiga gedolehat." Die Erzieherin daraufhin: „Warst du im Zoo?" Das Kind nickt und spricht wieder für die Erzieherin unverständlich. Die Erzieherin sagt: „Hast du da einen Tiger gesehen?" Das Kind bejaht mit Gestik und Mimik. Die Erzieherin fragt: „Mit wem warst du im Zoo?" Das Kind antwortet daraufhin: „Dade Mama galedodi Papa apedalepo." Die Erzieherin sagt: „Ah, du warst mit Mama und Papa im Zoo." Das Kind lächelt und sucht wieder die Kinder auf, mit denen es vorher gespielt hat.

Bei diesem Praxisbeispiel können Sie einige der angesprochenen Sprachbildungsstrategien erkennen: das *Auf-Augenhöhe-Sprechen*, der *Blickkontakt*, die *freundliche Stimme*, das *Spiegeln*, das *Turn-Taking* und die *W-Fragen*.

Da die Erzieherin den ersten Satz des Kindes nicht versteht, spiegelt sie das, was sie verstanden hat – die Begeisterung. Beim zweiten Satz hat sie Wörter verstanden, nämlich *Too* (für *Zoo*) und *Tiga* (*Tiger*). Das erste verständliche Wort wiederholt die pädagogische Fachkraft in Form einer Frage: „Warst du im Zoo?" Sie stellt bewusst keine Frage, bei der beide verständlichen Wörter vorkommen – also nicht: „Warst du im Zoo und hast da einen Tiger gesehen?" Bei der Antwort des Kindes könnte schwierig werden, zu erkennen, auf welchen Teil der Frage es sich bezieht. So ist es klar, dass sich die Antwort des Kindes nur auf die Frage, ob es im Zoo war, bezieht. Erst im

Nutzen Sie die Sprechfreude der Kinder!

nächsten Satz spricht die Erzieherin vom Tiger und hat so die Möglichkeit, das Gespräch aufrechtzuhalten.

Dann stellt sie eine W-Frage („Mit wem warst du im Zoo?") Die Antwort des Kindes („… Mama … Papa …") zeigt, dass es die Frage verstanden hat und ein gutes Sprachverständnis hat. Die Erzieherin wiederholt wieder diejenigen Wörter, die sie verstanden hat: „Ah, du warst mit Mama und Papa im Zoo."

In dieser Situation fühlt sich das Kind gesehen, seiner Sprechfreude wird Raum gegeben. Es fühlt sich verstanden, hat durch verbesserte Wiederholung korrekte Satzstrukturen kennengelernt und wird auch in Zukunft mit Freude sprechen.

Übung zum expressiven Spracherwerbsstil:

Fragen Sie einen Kollegen/eine Kollegin, ob er/sie für ein paar Minuten ein Kind mit expressivem Spracherwerbsstil spielen kann. Geben Sie einige Hinweise, wie diese Form des Spracherwerbs imitiert wird: deutlicher Sprechrhythmus und Sprechmelodie, Sprechfreude, deutliche Körpersprache, keine oder wenig verständliche Wörter. Versuchen Sie die untenstehenden Tipps umzusetzen. Entsteht ein Gespräch zwischen Ihnen? Bei Bedarf wiederholen Sie die Übung.

Praxistipps zum expressiven Spracherwerbsstil

- Geben Sie der großen Sprechfreude Raum.
- Spiegeln Sie, was Sie anhand der Körpersprache und der Stimme verstanden haben, und fassen Sie es in Worte: Verbalisieren Sie zum Beispiel die Begeisterung, die das Kind ausstrahlt.
- Formulieren Sie auch das Thema – sofern Sie es erahnen.
- Wiederholen Sie verständliche Wörter und fassen Sie sie in Fragen. Versuchen Sie dadurch, mit dem Kind in einen Dialog zu kommen.
- Gehen Sie davon aus, dass das Sprachverständnis des Kindes altersgemäß entwickelt ist, sofern Sie nichts anderes beobachten.
- Legen Sie den Schwerpunkt des Gesprächs weniger auf verständliche Wörter als vielmehr auf das Sich-Abwechseln (Turn-Taking), das Kommunikationsverhalten und die Körpersprache.

Late-Talker

Wir alle kennen Kinder, die mit 2 oder 2,5 Jahren kaum sprechen und nur einen geringen Wortschatz haben. Die meisten dieser Kinder sind **Late-Talker**.
Der Begriff *Late-Talker* bezeichnet keine Störung und stellt daher auch keine Diagnose dar. Er weist zunächst einmal nur darauf hin, dass die Sprachentwicklung eines Kindes im Vergleich zu anderen Kindern gleichen Alters verzögert verläuft.
Wie finden Sie heraus, ob ein Kind ein Late-Talker ist? Die folgenden Merkmale können darauf hinweisen:

Wortschatz

Wenn ein Kind mit 24 Monaten weniger als 50 Wörter im aktiven Wortschatz hat, gilt es als Late-Talker.
Allerdings ist es gar nicht so einfach, die genaue Anzahl von Wörtern, die ein Kind spricht, zu einem konkreten Zeitpunkt zu bestimmen: Viele Wörter werden vom Kind nur verstanden und nicht gesprochen, einige Wörter treten nur in bestimmten Situationen auf – im Kindergarten werden andere Wörter gesprochen als zu Hause; und

wie ist das mit Baby- und Kleinkindwörtern sowie Lautmalereien? Zählen diese als gesprochene Wörter oder nicht? Auch die wissenschaftlichen Meinungen gehen da auseinander.
Ob ein Kind eher 10 oder eher 100 Wörter mit 24 Monaten spricht, lässt sich allerdings gut herausfinden und damit feststellen, ob ein Kind ein Late-Talker ist oder nicht.

Ein- oder Zweiwortsätze

Sobald ein Kind etwa 50 Wörter spricht, explodiert nicht nur der Wortschatz, sondern das Kind verwendet dann auch Zweiwortsätze. Late-Talker benutzen in der Regel nur einzelne Wörter (Einwortsätze). Die Frage, ob ein Kind schon Zweiwortsätze verwendet oder ausschließlich Einwortsätze, lässt sich recht einfach beantworten, um so festzustellen, ob ein Kind ein Late-Talker ist oder nicht. Allerdings ist das Kriterium Einwortsätze für Late-Talker relativ unsicher, da es auch Nicht-Late-Talker gibt, die nur einzelne Wörter gebrauchen.

Das Alter ist entscheidend

Um den zweiten Geburtstag herum lässt sich feststellen, ob ein Kind ein Late-Talker ist oder nicht. 10–15 Prozent aller Kinder sind Spätsprecher. Nach dem **dritten Geburtstag** gibt es keine Late-Talker mehr. Da entscheidet sich:

1. Entweder das Kind hat **den Sprachrückstand aufgeholt**. Dies sind die **Aufholer** oder auch **Late-Bloomer** (Spätblüher). Etwa ein Drittel der Late-Talker holt den Rückstand bis zum dritten Geburtstag auf.
2. Oder es gibt zum dritten Geburtstag noch **Auffälligkeiten** wie nicht altersgemäße Aussprache oder grammatische Probleme. Ob eine Störung vorliegt und eine logopädische Therapie durchgeführt werden sollte, entscheidet ein Arzt. In diese Gruppe fällt ebenfalls jedes dritte Late-Talker-Kind.
3. Ein weiteres Drittel der Late-Talker entwickelt bis zum dritten Geburtstag eine **Sprachentwicklungsstörung**. Dies ist ein schwerwiegendes Störungsbild, bei dem mehrere Sprachbereiche (Aussprache, Grammatik, Wortschatz) und das Sprachverständnis betroffen sind. Bei Kindern mit einer Sprachentwicklungsstörung wird von Ärzten eine logopädische Therapie verordnet.

Ein Fragebogen gibt Aufschluss

W. v. Suchodoletz und S. Sachse haben einen Elternfragebogen entwickelt, mit dessen Hilfe einfach feststellbar ist, ob ein Kind ein Late-Talker ist oder nicht. Dieser Elternfragebogen nennt sich **SBE-2-KT** und kann als PDF-Dokument inklusive Handbuch kostenlos aus dem Internet geladen werden (Pädagogische Hochschule Heidelberg: https://ph-heidelberg.de).

Eltern bekommen den Fragebogen manchmal schon bei der Vorsorgeuntersuchung U 7. Da es sich nicht um eine Diagnostik handelt, können auch Sie als pädagogische Fachkräfte den Eltern diesen Bogen geben.
Die Zielgruppe sind Eltern von Kindern im Alter von 21 bis 24 Monate. Der SBE-2-KT hat eine hohe Trefferquote und die Auswertung dauert nur wenige Minuten. Und das Wichtigste: Es gibt ihn in etwa 30 verschiedenen Sprachen. So lässt sich auch ein Eindruck des Sprachstandes von Kindern gewinnen, die eine andere Sprache als Deutsch erwerben.

Praxistipps zum Umgang mit Late-Talker-Kindern

- Rufen Sie sich in Erinnerung, dass es sich zunächst einmal nicht um eine Störung handelt, sondern nur um eine Auffälligkeit. Viele Kinder holen den Sprachrückstand auf.
- Setzen Sie die vorgestellten Sprachbildungsstrategien häufig ein.
- Wichtig ist es vor allem, die Sprechfreude zu fördern: durch *Blickkontakt*, *freundliches Gesicht* und *Stimme*, *Abwarten*, *Auf-Augenhöhe-Sprechen*, *Respond* geben und *Turn-Taking*.
- Im Fokus sollte auch die Erweiterung des Wortschatzes stehen. Dafür eignen sich vor allem: das *Benennen*, das *handlungsbegleitende Sprechen*, die *Wiederholung* und das Erkennen und Nutzen des *triangulären Blickkontakts*.
- Setzen Sie das Kind (und sich selbst) nicht unter Druck. Damit ist niemandem geholfen. Bleiben Sie gelassen und authentisch.
- Führen Sie Elterngespräche, in denen Sie mit den Eltern erarbeiten, wie sie sich sprachförderlich verhalten können, zum Beispiel mithilfe von Sprachbildungsstrategien und sprachförderlichen Spielen (Singen, gemeinsame Bilderbuchbetrachtung, Rollenspiele).
- Klären Sie die Eltern auf und beruhigen Sie sie auch. Wenn Eltern in Angst oder Panik geraten, verhalten sie sich nicht sprachförderlich.
- Es kann hilfreich sein, das betreffende Kind möglichst frühzeitig einem Arzt (Kinderarzt, HNO-Arzt, Pädaudiologe) vorzustellen. Bei einigen Late-Talker-Kindern liegen der Auffälligkeit eine Hörstörung oder andere Störungen zugrunde.
- Wenn ein Late-Talker den Sprachrückstand nicht aufholt, empfehlen Sie den Eltern – sofern das nicht vorher geschehen ist – spätestens zum dritten Geburtstag den Besuch bei einem Arzt.
- Achten Sie darauf, dass Late-Talker-Kinder viel mit anderen Kindern gleichen Alters kommunizieren. Diese Peergroup-Interaktion unterstützt den Spracherwerb bei allen Kindern, vor allem auch bei Spätsprechern.

5

An Hindernissen wachsen

Kinder mit Sprachstörungen unterstützen

Lispeln, Stottern oder Aussspracheschwierigkeiten – Störungen in Spracherwerbsprozessen können alle Bereiche des Sprachsystems betreffen: das Lautsystem, den Wortschatz, die Grammatik und die allgemeinen kommunikativen Fähigkeiten. Die Diagnose und Behandlung von Sprachstörungen liegt bei Ärzten und Logopäden. Wir stellen hier einige häufige Störungen vor und zeigen Ihnen, wie Sie die Kinder im Kita-Alltag unterstützen können.

Störungen im Spracherwerb

Lispeln (Sigmatismus)

Das Lispeln wird auch als Sigmatismus bezeichnet und findet sich bei relativ vielen Kindern. Zum Zeitpunkt der Einschulung lispelt etwa jedes zehnte Kind. Das Lispeln selbst ist kein schwerwiegendes Störungsbild, das sofortiger Therapie bedarf. Während des Zahnwechsels der Schneidezähne fangen viele Kinder an zu lispeln oder bestehendes Lispeln verstärkt sich.

Beim Lispeln liegt die Zungenspitze bei den S-Lauten und beim Z-Laut zu weit vorn: an den Zähnen oder zwischen den Zähnen.

Ob eine Therapie durchgeführt wird, orientiert sich daran, ob es noch andere Auffälligkeiten gibt, am Alter des Kindes, am Schweregrad und an der Frage, ob der Zahnwechsel bei den Schneidezähnen schon stattgefunden hat. Viele Kinder kommen erst nach dem Wechsel der Schneidezähne – also in der Grundschulzeit – wegen ihres Lispelns in logopädische Therapie.

Das Lispeln allein ist ein recht mildes Störungsbild, das sich bei Kindern meist in wenigen Therapiestunden auflösen lässt.

Praxistipps zum Umgang mit lispelnden Kindern

Wenn das Lispeln sehr ausgeprägt ist oder mit weiteren Symptomen wie fehlendem Mundschluss, Speichelfluss, Kau- und Schluckauffälligkeiten oder Zahnfehlstellungen auftritt, könnten dem Lispeln andere Störungen (zum Beispiel eine myofunktionelle Störung) zugrunde liegen. Empfehlen Sie in diesem Fall den Eltern, dies durch einen Arzt abklären zu lassen. Bei Bedarf verordnet der Arzt eine logopädische Therapie. Auch wenn das Kind sehr unter dem Lispeln leidet, sollten Sie den Eltern einen Besuch beim Arzt nahelegen.

Mundmotorische Übungen unterstützen die Aussprache

Weisen Sie das Kind nicht auf das Lispeln hin. Korrigieren Sie das Kind nicht direkt. Lassen Sie es nicht „richtig" nachsprechen. All dies würde das Kind nur verunsichern und die Sprechfreude minimieren.

Unterstützen können Sie das Kind durch mundmotorische Übungen, die die Beweglichkeit und Wahrnehmung im Mundbereich fördern (siehe S. 69). Übertreiben Sie es aber nicht. Das Hauptaugenmerk sollte auf der Freude beim Spielen und Sprechen liegen.

Myofunktionelle Störung

Eine myofunktionelle Störung geht mit einem gestörten Gleichgewicht der Wangen-, Lippen- und Zungenmuskulatur und/oder einer schlechten Wahrnehmung im Mund- und Gesichtsbereich einher. Bei myofunktionellen Störungen treten meist verschiedene Symptome zugleich auf.

Diese Symptome weisen auf eine myofunktionelle Störung hin:

- Fehlender Mundschluss
- Fehlende Nasenatmung
- Speichelfluss
- Lispeln (Sigmatismus)
- Andere Ausspracheauffälligkeiten
- Zahnfehlstellungen
- Kieferwachstumsstörungen
- Starkes Schnarchen
- Kau- und Schluckauffälligkeiten
- Häufige Infektionen im Hals-, Nasen- und Ohrenbereich
- Unfähigkeit oder Widerwillen, harte Lebensmittel wie Brotkruste, Äpfel usw. zu essen
- Hinunterschlucken von Lebensmitteln, ohne sie vorher zu kauen

Praxistipps zum Umgang mit myofunktionellen Störungen

Können Sie mehrere der Symptome oder ein Symptom stark ausgeprägt bei einem Kind beobachten, empfehlen Sie den Eltern, mit dem Kind einen Arzt aufzusuchen. Der Arzt stellt die Diagnose, ob tatsächlich eine myofunktionelle Störung vorliegt und verordnet bei Bedarf eine logopädische Therapie. Grundsätzlich hilfreich sind bei myofunktionellen Störungen Übungen und Spiele zur Mundmotorik (siehe S. 69). Sie können ein Kind mit einem solchen, recht schweren Störungsbild mit diesen Maßnahmen aber nur unterstützen.

Phonologische Verzögerungen und phonologische Störungen

Wir alle kennen Kinder, die statt *Kind Tint* sagen und statt *Käse Täse*. Bei diesen Auffälligkeiten handelt es sich um **phonologische Prozesse**, die bei jedem Kind in der einen oder anderen Weise im Laufe der Sprachentwicklung auftreten. (zu den phonologischen Prozessen siehe S. 22)

Altersgemäße Aussprache oder Verzögerung?

Wenn ein 3-jähriges Kind von *Tint* und *Täse* spricht, dann ist das altersgemäß. Wenn ein 5-jähriges Kind so spricht, dann hat das Kind wahrscheinlich eine **phonologische Verzögerung**, da in diesem Alter der Lauterwerb abgeschlossen sein sollte.
Es gibt viele unterschiedliche phonologische Prozesse, die natürlicherweise auftreten und sich irgendwann im Laufe der Sprachentwicklung wieder zurückbilden – je nach Prozess in unterschiedlichen Lebensjahren.

Einige Kinder zeigen auch Ausspracheauffälligkeiten in Form von phonologischen Prozessen, die in der Sprachentwicklung normalerweise nicht auftreten (pathologische Prozesse). Diese Kinder haben keine phonologische Verzögerung, sondern eine **phonologische Störung**.

Praxistipps zum Umgang mit Kindern mit phonologischen Auffälligkeiten

Die genaue Diagnostik von phonologischen Prozessen ist sehr komplex. Es ist aufwendig herauszufinden, welche phonologischen Prozesse überhaupt vorliegen, ob sie in der Sprachentwicklung normalerweise auftreten oder ob es pathologische Prozesse sind, und ob sie altersgemäß sind oder nicht. Auch muss geklärt werden, ob vielleicht noch eine andere Störung hinter der Auffälligkeit steckt. Das alles ist die Aufgabe von ausgebildeten Logopäden und Logopädinnen.
Wenn Ihnen die Aussprache eines Kindes sehr auffällig erscheint oder Sie ein Kind wegen seiner Aussprache oft nicht verstehen, empfehlen Sie den Eltern, mit dem Kind einen Arzt aufzusuchen.

So können Sie helfen
Versuchen Sie sich nicht an einer „Behandlung". Die Therapie von phonologischen Verzögerungen und Störungen ist – genau wie die Diagnostik – schwierig und aufwendig. Durch gut gemeinte direkte Interventionen kann viel Schaden entstehen. Verhalten Sie sich mithilfe der beschriebenen Sprachbildungsstrategien sprachförderlich und erhalten und fördern Sie die Sprechfreude des Kindes.

Sprachentwicklungsstörung

Eine Sprachentwicklungsstörung ist ein schwerwiegendes Störungsbild. Das Kind hat Defizite in vielen Sprachbereichen: bei der Aussprache, der Grammatik, beim Wortschatz, beim Kommunikationsverhalten und beim Sprachverständnis.

Viele Kinder mit einer Sprachentwicklungsstörung waren vorher Late-Talker. Ein Drittel aller Spätsprecher entwickelt eine Sprachentwicklungsstörung.
Eine Sprachentwicklungsstörung kann um den **dritten Geburtstag** diagnostiziert werden, manchmal auch schon früher.

Die **Ursachen** einer Sprachentwicklungsstörung sind vielfältig, zum Beispiel andere zugrunde liegende Erkrankungen wie Hörstörungen, genetische Syndrome, Autismus u. a. Vielfach sind die Ursachen einer Sprachentwicklungsstörung nicht bekannt.

Das Sprachverhalten der Eltern ist nicht Ursache einer Sprachentwicklungsstörung. Eine spracharme Umgebung kann eine bestehende Sprachentwicklungsstörung allerdings verstärken, eine sprachreiche Umgebung kann sie abmildern.

Praxistipps zum Umgang mit Kindern mit einer Sprachentwicklungsstörung

Wenn Sie den Eindruck haben, dass das ganze Sprachsystem eines Kindes durcheinander ist oder das Kind in vielen Sprachbereichen erheblich verzögert ist, empfehlen Sie den Eltern – egal wie alt das Kind ist – möglichst zeitnah einen Arzt zur Diagnostik aufzusuchen.

Zusammenarbeit mit den Eltern
Führen Sie Elterngespräche, in denen Sie den Eltern sprachförderliches Verhalten nahelegen und mit ihnen konkrete Schritte und Umsetzungsmöglichkeiten vereinbaren. Das kann zum Beispiel bedeuten, dass Sie mit den Eltern einige Sprachbildungsstrategien aus Kapitel 1 besprechen und überlegen, welche sprachförderlichen Methoden die Eltern mit ihrem Kind einsetzen können (Bilderbuchbetrachtung, Rollenspiele).
Wichtig ist, dass konkret benannt wird: Wer macht wann was mit dem Kind? Die Erfahrung zeigt, dass – wenn nichts konkret vereinbart wird – oft nichts umgesetzt wird.
Eine Sprachentwicklungsstörung löst sich auch in einer sprachförderlichen Umgebung nicht von allein auf. Die logopädische Therapie ist notwendig.

Eine sprachförderliche Umgebung
Verhalten Sie sich dem Kind gegenüber sprachförderlich und setzen Sie viele Sprachbildungsstrategien ein.
Achten Sie vor allem darauf, die Sprechfreude des Kindes aufrechtzuerhalten und zu fördern.
Kinder mit einer Sprachentwicklungsstörung sind auf kognitiver Ebene oft altersgemäß entwickelt. Orientieren Sie sich daher sprachlich formal am Sprachentwicklungsalter des Kindes (kurze Sätze, keine verschachtelten Satzstrukturen, einfache Wortwahl), inhaltlich aber am tatsächlichen Alter.

Praxisbeispiel: Sprachentwicklungsstörung

Ein Erzieher schaut sich mit einem Kind (3; 10 Jahre alt) auf einer Bank im Außenbereich ein Bilderbuch (Thema Baustelle) an. Das Kind hat eine diagnostizierte schwere Sprachentwicklungsstörung. Es zeigt Sprechfreude, wendet sich allerdings oft an die pädagogischen Fachkräfte und nur selten an die anderen Kinder.

Das Kind zeigt auf die aufgeschlagene Seite des Bilderbuches und sagt: „Dagger da teten."
Der Erzieher hat es nicht verstanden, schaut das Kind an und fragt freundlich: „Was hast du entdeckt?"
Das Kind zeigt auf den Bagger und wiederholt: „Dagger da teten."
E.: „Ja stimmt, da steht ein Bagger. Das ist ein ziemlich großer Bagger. Was macht der Bagger denn da?"
Das Kind macht mit den Händen eine Schaufelbewegung und sagt: „Dagger da … da … hmm."
E.: „Der Bagger macht ein Loch. Der Bagger schaufelt ein Loch." Der Erzieher zeigt auf die Schaufel und sagt: „… mit seiner großen Schaufel." Das Kind lächelt.
E.: „Hast du auch einen Bagger?"
Das Kind nickt und sagt: „Ga." Der Erzieher schaut das Kind freundlich an und wartet ab. Nach einigen Sekunden sagt das Kind: „Haute Dagger piele."
E.: „Hast du zu Hause einen Bagger?"
Das Kind nickt und sagt: „Haute Dagger."
E.: „Du hast zu Hause einen Bagger. – Welche Farbe hat dein Bagger?"
K.: „Dote Dagger."
E.: „Oh, du hast auch einen roten Bagger. Genau wie dieser. Dieser Bagger ist auch rot." Der Erzieher zeigt auf den Bagger im Bilderbuch.
K.: „Haute Dagger, Dant piele."
E.: „Spielst du zu Hause mit deinem Bagger im Sand? Im Sandkasten?"
K.: „Ga."

Nach einigen weiteren Minuten im Gespräch mit dem Kind fragt der Erzieher: „Möchtest du jetzt auch mit einem Bagger spielen?"
Das Kind zögert, lächelt dann und sagt: „Ga."
E.: „Schau mal, Anni und Nils spielen im Sandkasten mit Baggern und Lastwagen." Der Erzieher zeigt auf die beiden Kinder im Sandkasten. „Möchtest du da mitspielen?"
Das Kind zögert, es ist hin- und hergerissen.
E.: „Soll ich mitkommen und wir fragen zusammen?"
Das Kind nickt und sagt: „Ga." Der Erzieher und das Kind gehen zum Sandkasten. Kurze Zeit später spielt das Kind mit den beiden anderen im Sandkasten mit Baggern und Lastwagen. Die Kinder sprechen beim Spielen angeregt miteinander.

Ein Gespräch entsteht

Der Erzieher hat in diesem Praxisbeispiel viele Sprachbildungsstrategien eingesetzt: das *Auf-Augenhöhe-Sprechen*, den *Blickkontakt*, die *freundliche Stimme* und das *freundliches Gesicht*, die *Wiederholungen*, die *verbesserte Wiederholung* und die *Erweiterungen*. Er wartet ab und lässt dem Kind Zeit zum Sprechen. Er stellt einige (einfache) W-Fragen (Was? Welche Farbe …?), aber auch geschlossene Fragen (Ja/Nein-Fragen).

Der Erzieher weiß, wie wichtig es gerade für Kinder mit einer Sprachentwicklungsstörung ist, mit anderen Kindern gleichen Alters zu kommunizieren, und er bindet das Kind geschickt in die Spielsituation der anderen Kinder im Sandkasten ein.

Selektiver Mutismus

Von Mutismus wird gesprochen, wenn ein Kind von seiner sprachlichen und kognitiven Entwicklung her sprechen könnte, dies aber nicht tut. Man unterscheidet zwischen vollständigem und selektivem Mutismus.

Vollständiger Mutismus

Vollständiger Mutismus liegt vor, wenn das Kind **mit niemandem spricht**, auch nicht mit den Eltern oder anderen nahestehenden Bezugspersonen. Dem vollständigen Mutismus liegen in der Regel schwere und schwerste traumatische Erfahrungen zugrunde. Der vollständige Mutismus ist zum Glück selten und sollte durch professionelle psychologische Fachkräfte therapiert werden.

Selektiver Mutismus

Von selektivem Mutismus wird gesprochen, wenn das Kind **in bestimmten Situationen oder mit bestimmten Personen nicht spricht**, zum Beispiel in der Kita nicht mit den pädagogischen Fachkräften. Obwohl der selektive Mutismus keine sprachliche Störung im engeren Sinn ist, steht er im Verordnungskatalog für logopädische Therapie und kann logopädisch behandelt werden.

Praxistipps zum Umgang mit selektiv mutistischen Kindern

- Üben Sie keinen Druck aus. Das Kind empfindet ohnehin schon Druck.
- Bleiben Sie entspannt und lassen Sie das Kind den ersten Schritt machen.
- Sie könnten einen Versuch mit Handpuppen machen. Wenn das nicht funktioniert, versuchen Sie es nicht am nächsten Tag gleich wieder. Das Kind würde das als Druck empfinden.
- Auch Rollenspiele mit Stellvertretern (Puppen, Tieren usw.) sind einen Versuch wert.
- Fördern Sie vor allem den spielerischen Umgang mit Sprache.
- Fordern Sie das Kind nicht zum Sprechen auf. Auch „Du kannst das doch. Traue dich doch." und Ähnliches ist kontraproduktiv.
- Das Stellen von offenen Fragen ist normalerweise eine gute Sprachbildungsstrategie. Bei selektiv mutistischen Kindern hilft es jedoch oft, geschlossene Fragen zu stellen. Die Hürde auf eine Ja/Nein-Frage oder eine Auswahlfrage zu antworten, ist für das Kind nicht so groß wie das Antworten auf eine offene Frage.
- Machen Sie weiterhin Dialogangebote, aber ohne Erwartungshaltung.
- Schätzen Sie das Kind wert, auch wenn es nicht spricht. Geben Sie dem Kind das Gefühl, so wie es ist, in Ordnung zu sein.
- Das Wichtigste ist Beziehungsarbeit mit einer wertschätzenden Grundhaltung.
- Führen Sie Elterngespräche, in denen Sie über den selektiven Mutismus des Kindes sprechen. Themen könnten Druck oder Erwartungshaltungen aufseiten der Eltern sein, die den selektiven Mutismus des Kindes fördern.
- Vor allem, wenn der selektive Mutismus schon länger andauert, das Kind darunter leidet, wenig Freunde hat oder in anderer Weise nicht gut in die Gruppe eingebunden ist, geben Sie den Eltern einen Hinweis auf die Möglichkeit logopädischer Therapie.

Dysgrammatismus

Der Dysgrammatismus bezeichnet eine Störung beim **Erwerb der Grammatik**.

Alle Kinder zeigen während ihrer Sprachentwicklung Auffälligkeiten in der Grammatik. So sind die Sätze bei jungen Kindern zunächst unvollständig („Wir Zoo gehen."), das Verb steht noch am Ende des Satzes (Verbendstellung: „Anna mit der Puppe spielen.") und die Wörter sind oft noch nicht richtig gebeugt („Ich bin ganz viel geschwimmt.").

Beim Dysgrammatismus kommt es zu ähnlichen grammatischen Auffälligkeiten, die nicht mehr altersgemäß sind oder sogar in der normalen Sprachentwicklung nicht vorkommen.

Der Dysgrammatismus kann isoliert auftreten oder im Rahmen eines umfassenderen Störungsbildes, zum Beispiel einer Sprachentwicklungsstörung.

Praxistipps zum Umgang mit Störungen im Grammatikerwerb

Störungen im Bereich der Grammatik sind oft schwer zu therapieren. Kinder mit Dysgrammatismus gehören in die Hände kompetenter Logopäden. Und doch können Sie betroffenen Kindern helfen: Seien Sie ein gutes Sprachvorbild. Sprechen Sie in vollständigen Sätzen.

Singen unterstützt den Grammatikerwerb

Beim Grammatikerwerb geht es um den **Erwerb von Regeln** – Grammatikregeln. Regeln können dann am besten verinnerlicht werden, wenn das Kind die entsprechenden Satzstrukturen wiederholt hört. **Regelwissen wird also durch Wiederholung erworben.** Das Singen ist hier besonders geeignet, weil die grammatischen Strukturen von Strophe zu Strophe gleich bleiben. (Zum Beispiel hat das Kinderlied „Alle meine Entchen" zu Beginn aller Strophen die Struktur Subjekt – Prädikat – Ort: „Alle meine Entchen schwimmen auf dem See …/ Alle meine Täubchen sitzen auf dem Dach …/ Alle meine Hühner picken in dem Stroh …") Daher: Singen, singen, singen!

Alle Sinne sind beteiligt

Der Grammatikerwerb hängt eng mit der Sinneswahrnehmung und Bewegung (Sensomotorik) zusammen. Alle Methoden und Spiele, bei denen die Bewegung und/oder möglichst viele Sinne (Sehsinn, Gehör, Tastsinn, Gleichgewichtssinn, Geschmacks- und Geruchssinn) in die sprachliche Kommunikation einbezogen werden (Bewegungsspiele, Tastspiele, Bewegungsbaustellen, Sinnesparcours), unterstützen die Entwicklung der Grammatik.

Stottern

Stottern ist ein bekanntes Störungsbild. Kaum jemand weiß, was ein Dysgrammatismus ist oder welche Symptome bei einer Sprachentwicklungsstörung genau auftreten können. Stottern hingegen können die meisten Kinder sogar imitieren. Stottern ist bei vielen mit negativen Bildern und Vorurteilen verbunden. Das führt dazu, dass das Stottern zumindest bei älteren Kindern oft mit einem negativen Störungsbewusstsein und einem hohen Leidensdruck verbunden ist.

Beim Stottern kommt es zu

- Laut- und Silbenwiederholungen („Ich kokokokomme bald in die Schule.")
- Lautdehnungen („Ich komme bald in die Schschschschule.")
- Pausen, die häufig mit einer körperlichen Anspannung verbunden sind („Ich komme bald in die [Sprechpause, körperliche Anspannung] Schule.")

Vermeidungsverhalten verschlimmert das Stottern

Stotternde Kinder haben oft eine gute Wahrnehmung und vor allem eine gute Eigenwahrnehmung. Wenn sie sich des Stotterns bewusst sind, versuchen sie daher, das Stottern zu vermeiden. Das Vermeidungsverhalten führt dann zu noch schwerwiegenderen Symptomen wie: Mitbewegungen des Kopfes, Muskelanspannungen,

Der Weg aus dem Stottern führt nur durch das Stottern.

Sprechvermeidung und Atemauffälligkeiten. Das Hauptproblem ist für stark stotternde Kinder daher gar nicht das ursprüngliche – meist leichte und lockere – Stottern, sondern die starken Symptome, die durch die Versuche, das Stottern zu vermeiden, auftreten.

Das Entwicklungsstottern

Ein Wort zum Entwicklungsstottern: Oft hört man, dass Stottern bei jüngeren Kindern häufig auftritt, es sich wieder von allein gibt und es sich daher um Entwicklungsstottern handelt. Dieses bedürfe keiner Therapie.
Es stimmt, dass viele Kinder stottern und es sich bei vielen von allein wieder legt. Ob es sich um Entwicklungsstottern handelt, kann aber erst dann gesagt werden, wenn sich die Symptomatik im Laufe der Zeit nicht verstärkt und sich das Stottern von allein wieder gegeben hat. Deshalb ist es sinnvoll, den Eltern den Gang zu einem Arzt zu empfehlen, der dann die Diagnose stellt und ggf. für eine genauere Einschätzung an eine logopädische Praxis verweist. Ob direkt eine logopädische Therapie sinnvoll ist, hängt von verschiedenen Faktoren wie dem Alter des Kindes, der Stärke der Symptome, dem Stotterverlauf und dem Leidensdruck des Kindes ab.

Praxistipps zum Umgang mit stotternden Kindern

- Setzen Sie das Kind nicht unter Druck. Fordern Sie das Kind nicht zum stotterfreien Sprechen auf. Auch Sätze wie „Du schaffst das …", Du kannst das …", Ganz ruhig!" sind kontraproduktiv. Sie lenken die Aufmerksamkeit des Kindes nur auf das Stottern, und das Kind wird versuchen, das Stottern zu vermeiden. Dieses Vermeidungsverhalten führt dann zu einer verstärkten Stottersymptomatik.
- Bleiben Sie entspannt. Halten Sie sich vor Augen: Kinder dürfen stottern. Das ist sogar der Name eines Stottertherapie-Ansatzes: „KIDS – Kinder dürfen stottern".
- Setzen Sie dieselben Sprachbildungsstrategien ein wie bei anderen Kindern auch.
- Verhalten Sie sich genauso wie gegenüber nicht stotternden Kindern. Tun Sie so, als würde das Kind nicht stottern.
- Schauen Sie das Kind im Dialog an, starren Sie aber nicht. Bleiben Sie natürlich.
- Legen Sie den Schwerpunkt auf ein entspanntes, wertschätzendes Kommunikationsverhalten, das dem Kind das Gefühl gibt: Ich bin gut so, wie ich bin.
- Empfehlen Sie den Eltern den Gang zum Arzt, vor allem, wenn das Kind unter dem Stottern leidet oder wenn sich die Symptomatik verstärkt.

Singen, Spielen, Klatschen

Methoden zur Unterstützung der Sprachbildung

Eine sprachförderliche Umgebung schaffen, Sprechfreude erzeugen und viel miteinander im Gespräch sein – das ist das Ziel! Bei der alltagsintegrierten Sprachbildung geht es um das Kommunikationsverhalten und nicht um konkrete Förderangebote. Im nächsten Kapitel zeigen wir Ihnen Methoden und Spielideen, die problemlos in den Kita-Alltag integriert werden können – und warum sie so gut für den Spracherwerb sind.

Methoden zur Unterstützung der Sprachbildung

Singen

Singen ist bestimmt ohnehin ein fester Bestandteil Ihres Kita-Alltages. Dabei ist Singen nicht nur ein lieb gewonnenes Ritual im Morgenkreis, sondern fördert den Spracherwerb der Kinder gleich auf verschiedenen Ebenen und ist somit ein richtiger Alleskönner bei der Sprachbildung.

Singen macht Spaß und fit

Singen bereitet den meisten Kindern große Freude. Beim Singen lernen die Kinder, dass es Spaß machen kann, „den Mund aufzumachen". Auch den Körper trainiert es: Singen führt auf Dauer zu einer aufgerichteten Körperhaltung und einer vertieften Atmung. Das ist auch für das Sprechen von Vorteil.

Singen schweißt zusammen

Gutes Zuhören ist gefragt: Beim Singen in der Gruppe geht es darum, sich mit anderen abzustimmen – im wahrsten Sinne des Wortes. Zum Führen von Gesprächen müssen sich Kinder auch auf ihre Gesprächspartner einlassen und bestimmte Kommunikationsregeln einhalten. Dieses Abstimmen und das Einhalten von bestimmten Regeln können Kinder am Modell des Singens lernen.

Singen fördert das Rhythmusgefühl

Auch beim Sprechen ist das Rhythmusgefühl wichtig – bei jüngeren Kindern oder zu Beginn

Praxistipps zum Singen

- Singen Sie **viel** mit den Kindern.
- Singen Sie mit Kindern **jeglichen Alters.**
- **Ritualisieren** Sie das Singen, zum Beispiel im Morgenkreis.
- Weniger ist mehr! Das meint beim Singen: Besser **einige wenige Lieder wiederholt** singen, als ständig neue Lieder zu lernen.
- Singen Sie möglichst in der **Tonlage der Kinder** (hoch). Wenn Sie zu tief singen, fällt es den Kindern schwer, die richtigen Töne zu treffen.
- Wenn Sie überhaupt nicht gern singen, können Sie mit den Kindern auch **rappen**. Der Schwerpunkt liegt hier dann eher auf dem Rhythmus als auf der Melodie. Die Vorteile sind ähnliche wie beim Singen.
- Verbinden Sie Singen mit **Bewegung und Gesten**. Dies unterstützt die Sprachentwicklung der Kinder noch stärker.

des Zweitspracherwerbs zum Beispiel, um einzelne Wörter aus einem Satz herauszuhören. Rhythmus und Betonung sind auch wichtig für den Grammatikerwerb und das Kommunikationsverhalten.

Singen bewegt

Wiederholung stellt ein wichtiges Lernprinzip dar. Lieder werden nicht nur einmal, sondern wiederholt gesungen. Das fördert den Wortschatz und die Grammatikentwicklung. Außerdem werden beim Singen Wörter oder Sätze häufig mit bestimmten Bewegungen oder Gesten verknüpft. Wird Sprache mit Bewegung kombiniert, führt dies zu einer stabileren Verankerung von Wörtern im Wortschatz und zum besseren Lernen von grammatischen Regeln.

Singen macht schlau

Beim Singen werden beide Hirnhälften benutzt: die linke Hirnhälfte für die Sprache (den Text des Liedes) und die rechte Hirnhälfte für den Rhythmus und die Melodie. Damit das Singen überhaupt funktioniert, müssen Sprache und Rhythmus/Melodie zusammengebracht werden indem sich beide Hirnhälften ständig austauschen. Das führt zu einer besseren Verbindung beider Hirnhälften und ist nicht nur für die Sprachentwicklung wichtig, sondern auch für die sensomotorische und die kognitive Entwicklung.

Rollenspiele

Im Rollenspiel befinden sich die Kinder ziemlich in der Mitte zwischen Realität und Fantasie. Sie können Dinge machen, die in der Realität viel zu gefährlich wären. Im Rollenspiel können die Kinder sich ausprobieren. Auch sprachlich! – Und all das ohne Risiko!

Die Kinder probieren Sprechrollen

Im Rollenspiel sagen Kinder Dinge, die sie in der Realität nicht sagen würden, weil es nicht ihrer Rolle entspricht. Wird zum Beispiel Vater – Mutter – Kind gespielt, kann das Kind die Rolle des Vaters einnehmen und wie der Vater sprechen. Oder das Mädchen nimmt die Rolle des älteren Bruders ein, der sie manchmal ärgert. Oder das Kind kann noch einmal in die Rolle des Babys schlüpfen, das noch gar nicht sprechen kann. Im Rollenspiel kommen die Kinder mit vielen unterschiedlichen Sprachcodes in Kontakt und probieren diese aus.

Gut für die Wahrnehmung

Spielt ein Kind häufiger Rollenspiele, beobachtet es Kommunikationssituationen auch ganz anders und differenzierter, weil es eine betreffende Situation irgendwann einmal im Rollenspiel nachspielen will.

Bilderbücher

Das Betrachten von Bilderbüchern wird in Kitas und Kindergärten häufig durchgeführt. Die gemeinsame Bilderbuchbetrachtung ist eine Methode, die den Spracherwerb von Kindern sehr gut unterstützen kann. Fast alle vorgestellten Sprachbildungsstrategien können hier zum Einsatz kommen: der *Blickkontakt*, das *freundliches Gesicht*, der *trianguläre Blickkontakt*, die *verbesserte Wiederholung*, *Erweiterungen*, das *Auf-Augenhöhe-Sprechen*, der *Respond*, der *angemessene Körperkontakt*, die *Wiederholung* und viele weitere mehr.

Praxistipps zur Bilderbuchbetrachtung

- Achten Sie beim Bilderbuchlesen darauf, dass die Kinder selbst häufig zu Wort kommen.
- Legen Sie den Schwerpunkt vor allem darauf, viele W-Fragen (Was? Wann? Wer? Warum? Wie? Womit? Wozu?) zu stellen, um so mit den Kindern ins Gespräch zu kommen.
- Es ist nicht so entscheidend, dass sie jedes Bilderbuch zu Ende lesen. Es ist nicht schlimm, wenn Sie ein Bilderbuch mal nicht abschließen können, weil die Kinder so viel gesprochen haben. Die Kommunikation und die Dialoge, die dann stattgefunden haben, sind viel wichtiger!
- Achten Sie auch darauf, dass die Kinder beim Betrachten des Bilderbuches untereinander ins Gespräch kommen. Sie wissen: Die Kommunikation der Kinder untereinander ist mindestens so wichtig wie die Kommunikation mit Ihnen.
- Lesen Sie dasselbe Bilderbuch immer wieder. Kinder lieben die Wiederholung und die Wiederholung ist ein wichtiges Lernprinzip. Außerdem gibt es immer wieder Neues im selben Buch zu entdecken.
- Ganz ähnlich können Sie auch beim Vorlesen einer Geschichte oder beim Erzählen vorgehen.

Freispiel

Das Freispiel ist eine Methode, die sehr gut geeignet ist, die **Selbstbildungskompetenzen** von Kindern zu unterstützen. Im Freispiel können sich Kinder genau denjenigen Situationen widmen, die wichtig für die nächsten Entwicklungsschritte sind. Ist der nächste Lernschritt zum Beispiel das Abwarten, dann begibt sich das Kind vielleicht zur Rutsche, wo schon viele Kinder anstehen und es lernen kann, zu warten. Soll die Dialogfähigkeit gefestigt werden, sucht das Kind vielleicht das Gespräch mit einem anderen Kind oder begibt sich in ein Rollenspiel.
Im Freispiel kann den Selbstbildungskompetenzen viel Raum gegeben werden – viel mehr als in angeleiteten bzw. konstruierten Situationen. Sie als pädagogische Fachkraft können die Kinder im Freispiel mit Sprachbildungsstrategien begleiten.

Sprache mit Bewegung

Wenn Kinder Sprache mit Bewegung kombinieren, können sie Wörter und Grammatik viel besser verinnerlichen. Bewegung geht mit Sinneswahrnehmungen einher, und so haben die Kinder noch mehr Kanäle, über die sie auch die Sprache verankern können. Genau das steckt hinter dem Ausdruck „etwas begreifen".

Erst kommt die Bewegungserfahrung

Präpositionen (wie auf, in, über, hinter, unter, neben, durch) können erst dann im Wortschatz abgespeichert werden, wenn das Kind vorher die entsprechende Bewegungserfahrung gemacht hat und diese sprachlich begleitet wurde. („Du legst den Ball auf die Kiste …" „Du hast den Ball auf die Kiste gelegt …" „Ich lege jetzt den Ball in die Kiste.") Auch Verben der Bewegung werden natürlich vom Kind dann am besten gelernt, wenn sie in Bewegung erfahren werden.

Bewegung fördert alle Kompetenzen

Bei Bewegungsspielen gibt es vielfältige Möglichkeiten, mit anderen in Kontakt zu treten und zu kommunizieren. Das fördert nicht nur die Sprachentwicklung, sondern auch die soziale und emotionale Entwicklung.
Grundsätzlich führt Bewegung zu mehr Beweglichkeit (körperlich und kognitiv), zum Abbau von Stress und Wut, zum Ausdruck von Emotionen, zu besserer Gesundheit, zu einem größeren Selbstwertgefühl und zu einem differenzierteren Körpergefühl. All das wirkt sich dann positiv auf die Sprachentwicklung aus.

Sprache und Bewegung gehören zusammen!

Reimen und Silbieren

Reimen und Silbieren sind vor allem für Kinder ab 4 Jahren geeignet. Durch das Reimen lernen die Kinder, sich weniger auf den Inhalt von Wörtern (Was bedeutet das Wort?) und mehr auf die Form von Wörtern (Wie klingt das Wort? Klingen die Wörter ähnlich?) zu konzentrieren. Beim Silbieren lernen die Kinder, Wörter in Silben zu unterteilen. Beides sind wichtige Voraussetzungen für den Schriftspracherwerb in der Schule.

Spiele für den Alltag

Die folgenden Spiele sind einfach und kurz. Sie lassen sich gut zwischendurch oder auch ritualisiert in den Kindergartenalltag integrieren.
Wichtig ist es, die Reimspiele und das Silbieren regelmäßig zu wiederholen, damit sich beim Kind Erfolgserlebnisse einstellen können.

Spielideen für das Reimen und Silbieren

- Reimwörter finden („Was reimt sich auf Haus?")
- Reimwörter finden mit Bildunterstützung (Zum Beispiel: Das Bild von der Maus passt zum Bild vom Haus. Das Bild von der Kuh passt zum Bild vom Schuh.)
- Reimverse: Die Kinder ergänzen das Reimwort. (Zum Beispiel: „In einem großen roten Haus – wohnt tief im Keller eine …" Die Kinder: „Maus!")
- Fingerspiele mit Reimen (Zum Beispiel: Fünf Ritter, fünf Matrosen)
- Lieder singen
- Silben-Klatschen mit einzelnen Wörtern (Zu Beginn ein- und zweisilbige Wörter. Wenn die Kinder wissen, worum es geht, lassen sich auch längere Wörter klatschen.)
- Silben-Springen mit Einzelwörtern
- Klatschlieder und Klatschspiele

Spiele und Übungen für die Mundmotorik

Bei der Mundmotorik geht es um die Mundmuskulatur und ihre Beweglichkeit sowie die Wahrnehmung im Mund- und Gesichtsbereich. Eine gut entwickelte Mundmotorik ist für die Kinder wichtig, damit sie die Sprachlaute richtig bilden und deutlich sprechen können. Mundmotorik-Spiele sollten regelmäßig durchgeführt werden. So kommt es bei den Kindern zu deutlichen Trainingseffekten. Darüber hinaus machen Spiele für die Mundmotorik den meisten Kindern große Freude.

Spielideen zur Unterstützung der Mundmotorik

- Puste-, Blas- und Ansaugspiele (Zum Beispiel: Tischfußball mit Strohhalm und einem Tischtennisball)
- Seifenblasen pusten
- mit dem Strohhalm trinken, Teller ablecken
- Federn und Watte pusten
- ohne Hände essen
- Salzstange auf der Oberlippe balancieren
- Grimassen schneiden
- Mitmachgeschichten für die Zunge (wie die bekannte Geschichte von *Frau Zunge*)
- Spaghetti schlürfen
- Formen im Mund erraten (Zum Beispiel mit Knabbergebäck: Habe ich eine kleine Brezel, eine Salzstange, einen kleinen Fisch oder einen Kräcker im Mund?)
- Gummibärchenwaschanlage (Das Gummibärchen wird auf einen Zahnstocher gepiekt und muss vor dem Essen von allen Seiten gewaschen (abgeleckt) werden.)
- Pustebilder mit sehr flüssigen Wasserfarben und Strohhalmen
- Körner-Picken (Cornflakes, Müsli o.Ä. wird nur mit der Zunge von einem Teller „gepickt".)

Die Eltern an Bord

Gemeinsam die Sprachentwicklung der Kinder begleiten

Die Erziehungspartnerschaft mit den Eltern ist eine zentrale Aufgabe Ihrer täglichen Arbeit. Das gilt natürlich auch für die Sprachbildung der Kinder. Bei Elterngesprächen zur Sprachentwicklung sprechen Sie über den Sprachstand und eventuelle Auffälligkeiten, beraten die Eltern und nehmen Sorgen und Ängste. Außerdem können Sie hier herausfinden, ob es noch Möglichkeiten gibt, das Kind im Spracherwerb zu unterstützen. Welche Methoden wenden die Eltern schon an? Was könnten sie zu Hause noch machen?

Elterngespräche zur Sprachentwicklung

Eltern müssen regelmäßig über den Entwicklungsstand ihres Kindes informiert werden. Hierbei spielt die Sprachentwicklung eine wesentliche Rolle. Das passiert bei Elterngesprächen zur Sprachentwicklung:

- Die Eltern werden über den Sprachstand informiert.
- Die Kompetenzen und Talente des Kindes werden aufgezeigt.
- Auffälligkeiten werden besprochen.
- Die Eltern werden über sprachförderliches Verhalten informiert.
- Gemeinsam werden konkrete Schritte vereinbart.
- Die Eltern sollen auch Lust auf Sprache bekommen.
- Der Gang zu einer ärztlichen oder logopädischen Praxis wird empfohlen, sofern notwendig.

Auf die Einstellung kommt es an – und den positiven Blick!

Die Erzieherin fragt bei dem nebenstehenden Praxisbeispiel nach dem, was schon da ist – Sie ermittelt die vorhandenen Ressourcen. Ihr Blick ist nicht defizitorientiert. Sie spricht vor allem Positives an: „Welches Buch … besonders gern … Das ist gut … noch mehr Wörter … Wann … sehr gut … ganz wichtig … besser … macht Ihnen auch Freude … Wie sorgen Sie für sich … zu einem schönen Ritual …". Der ressourcenorientierte Blick und positive Fragestellungen lenken das Gespräch in die gewünschte Richtung und führen oft zu einem positiven Verhalten. Ein defizitorientierter Blick oder eine Erwartungshaltung führen meist zu Rechtfertigung, zu Widerstand oder zu einem „Aber". Das zeigt das untere Praxisbeispiel.

Übung: Ressourcenorientierte Fragestellungen

Die Zusammenarbeit mit den Eltern ist ein elementarer Punkt Ihrer täglichen Arbeit – auch und vor allem in Sachen Sprachbildung. Eine sprachförderliche Umgebung zu Hause und in der Kita sind wesentliche Stützen im Spracherwerb der Kinder. Da braucht es manchmal ein bisschen Fingerspitzengefühl: Werden schon alle Ressourcen ausgeschöpft oder ist da noch Luft nach oben? Anhand der Beispielsituation im Anhang (S. 90) können Sie die *Ressourcenorientierten Fragestellungen* ausprobieren.

Kopiervorlage

Übung: Ressourcenorientierte Fragestellungen

Aufgabe:

Stellen Sie sich folgende Situation vor: In Ihrer Gruppe betreuen Sie ein Kind (3;7 Jahre alt). Der Sprachstand des Kindes erscheint Ihnen leicht verzögert. Mit einem Elternteil führen Sie ein Elterngespräch. Eines Ihrer Ziele bei dem Elterngespräch ist es, die Eltern zu einem sprachförderlichen Verhalten anzuregen. Sie möchten die Eltern ermuntern, mit ihrem Kind häufiger Rollenspiele zu spielen. Welche hilfreichen, ressourcenorientierten Fragen könnten Sie dem Elternteil stellen? Fertigen Sie eine Liste an!

Lösungsvorschläge finden Sie auf S. 91

90

Praxisbeispiel: Elterngespräch mit ressourcenorientierten Fragen

Eine Erzieherin führt ein Gespräch mit der Mutter eines 2-jährigen Mädchens. Das Mädchen fühlt sich in der Kita wohl und hat Sprechfreude. Allerdings hat es nur einen geringen Wortschatz und spricht meistens in Zweiwortsätzen. Die Erzieherin möchte die Mutter zu einem (noch) sprachfördernderen Verhalten anregen.
Nachdem die Erzieherin über die Sprachentwicklung gesprochen hat, fragt sie: „Welche Bilderbücher haben Sie denn zu Hause?"
Mutter: „Oh, wir haben ganz viele. Zum Beispiel *Conni*-Bücher, *Der Elefant fühlt allerhand* und *Sachen suchen auf dem Bauernhof*."
E.: „Welches Buch liest Mila besonders gern?"
M.: „*Sachen suchen auf dem Bauernhof*. Da hat Mila besonders viel Spaß dran."
E.: „Ist das ein Wimmelbuch?"
M.: „Ja, da zeigt sie immer auf die Sachen und guckt mich fragend an. Ich sage dann, was das ist."
E.: „Das ist gut. Da lernt Mila noch mehr Wörter – wann lesen Sie das Buch meistens?"
M.: „Das lesen wir öfter mal. Meistens auf dem Sofa nach dem Abendessen oder im Bett vor dem Schlafengehen."
E.: „Auch das ist sehr gut. Wiederholung ist ja ganz wichtig. Besser wenige Bücher immer wieder lesen, als ständig neue Bücher anzugucken." Die Mutter lächelt.
E.: „Dieses Buch macht Ihnen auch Freude, oder?"
M.: „Ja. – Ehrlich gesagt ist das oft das erste Mal am Tag, wo ich mal zur Ruhe komme."
E.: „Wie sorgen Sie für sich selbst beim Vorlesen?"
M.: „Ich mache mir manchmal einen Tee, dann setzen wir uns aufs Sofa, kuscheln ein bisschen und lesen dann das Bauernhof-Buch oder ein anderes."
E.: „Können Sie sich vorstellen, das zu einem schönen Ritual zu machen? Also regelmäßig auf dem Sofa mit Mila ein Bilderbuch zu lesen?"
M.: „Hm … – warum eigentlich nicht – ja, das könnte ich machen. Nur mittwochs geht es nicht. Da habe ich Sport und die Oma macht Abendessen und bringt Mila ins Bett."
E.: „Vielleicht hat ja auch die Oma Lust, nach dem Abendessen ein Bilderbuch zu lesen. Und wenn nicht, ist das auch nicht schlimm – wann lesen Sie das nächste Mal auf dem Sofa?"
M.: „Na, gleich heute nach dem Abendessen – mit Tee!"

Zum Vergleich: Gesprächsverlauf ohne ressourcenorientierte Fragen und den positiven Blick

Praxisbeispiel: Elterngespräch mit defizitorientiertem Blick

Erzieherin: „Sie wissen ja: Sprachbildung ist ganz wichtig. Bilderbuchlesen ist da sehr hilfreich. Lesen Sie Bilderbücher mit Mila?"
Mutter: „Ja, ja, das mache ich schon ganz oft."
E.: „Gut ist da ja die Wiederholung. Machen Sie das regelmäßig?"
M.: „Ich versuche das schon ganz oft zu machen, aber manchmal fehlt da einfach die Zeit. Jeden Tag bekomme ich das nicht hin. Mal ist Mila müde, mal ist die Oma da."

สวัสดี
HELLO
CIAO
你好
Olá
CZEŚĆ
BONJOUR
안녕하세요.
TERE.
こんにちは

8

Guten Morgen, Good Morning, Buongiorno

Mehrsprachige Kinder begleiten

Die meisten Kitas werden von Kindern unterschiedlichster Herkunft, Religion und Kultur besucht. Viele dieser Kinder wachsen mit mehr als einer Sprache auf. Oft kommen die Kinder auch erst in der Kita mit der deutschen Sprache in Kontakt. Mehrsprachig aufzuwachsen, ist eine große Chance für Kinder im Kita-Alter. So leicht lernen sie nie wieder eine neue Sprache.

Grundsätzlich setzen Sie bei zwei- und mehrsprachigen Kindern genau dieselben hilfreichen Sprachbildungsstrategien ein wie bei allen anderen Kindern auch. Allerdings gibt es auch einige Besonderheiten, die beachtet werden sollten. Diese stellen wir Ihnen im Folgenden vor.

Zwei- und mehrsprachige Kinder

3 goldene Regeln beim Zweit- und Mehrsprachenerwerb

1. Die Sprache der Eltern

Die Eltern sollten mit ihrem Kind in ihrer eigenen Sprache sprechen, in ihrer **Herzenssprache**. Die Herzenssprache ist meistens die Muttersprache der Eltern, kann aber auch eine gut erworbene Zweitsprache oder – in selteneren Fällen – auch eine Fremdsprache sein. Es ist die Sprache, die bei den Eltern am stärksten im Vordergrund steht und mit der sie aus dem Herzen sprechen.
Die Herzenssprache ist deshalb so wichtig, weil sie vor allem positiv auf die Beziehung bzw. Bindung des Kindes zu den Eltern einwirkt. Umgekehrt: Wenn ein Elternteil nicht in seiner Herzenssprache mit dem Kind spricht, wirkt er unnatürlich und nicht authentisch. Auch für das Elternteil, kann sich das seltsam anfühlen, wie das Praxisbeispiel zeigt. Die Beziehung zum Kind kann Schaden nehmen. Außerdem bedeutet Spracherwerb auch den Erwerb von kulturellen Elementen, den die Eltern vor allem über die Verwendung der Herzenssprache gewährleisten können.

Praxisbeispiel: Die Herzenssprache der Eltern

Eine Erzieherin führt mit der Mutter eines Kindes ein Gespräch. Das Kind ist 2,5 Jahre alt und wächst zweisprachig auf. Deutsch erwirbt es als zweite Sprache. Die Erstsprache der Mutter ist Italienisch. Sie hat Deutsch als Fremdsprache erworben und spricht schon recht gut. Die Erzieherin hat mehrfach bei Abholsituationen beobachtet, dass die Mutter mit dem Kind Deutsch spricht.

Erzieherin: „Welche Sprache sprechen Sie zu Hause mit Ihrem Sohn?"
Mutter: „Meistens Italienisch. Ich versuche aber auch oft, Deutsch mit ihm zu sprechen. Er soll ja gut Deutsch lernen."
E.: „Das kann ich gut verstehen. Sie dürfen allerdings mit Ihrem Sohn Italienisch sprechen. Sie sollten sogar nur Italienisch mit ihm sprechen. Das hilft Ihrem Sohn am meisten."
M.: „Wirklich? … Ich hatte ehrlich gesagt auch immer so ein komisches Gefühl, wenn ich mit ihm Deutsch gesprochen habe. Ich dachte mir immer: Das ist doch gar nicht meine Sprache."
E.: „Es ist ganz wichtig für ihn, dass Sie in Ihrer Sprache mit ihm sprechen. In Ihrer Herzenssprache."
M.: „Also auch, wenn ich ihn abhole?"
E.: „Ja, auch dann."
M.: „Das ist gut, dass Sie das sagen. Es hat sich wirklich immer seltsam angefühlt."

Die Erzieherin wusste vor dem Gespräch, dass die Mutter mit ihrem Kind auch Deutsch spricht, obwohl das nicht die Herzenssprache der Mutter ist. Sie stellt der Mutter zu Beginn des Gesprächs eine offene, nicht wertende Frage: „Welche Sprache …" Über die Antwort der Mutter kommt sie zum eigentlichen Punkt, respektvoll und wertschätzend. Zunächst gibt sie der Mutter die Erlaubnis, mit ihrem Sohn in ihrer Herzenssprache zu sprechen. Diese Erlaubnis reicht meistens schon aus, dass die Eltern danach tatsächlich in ihrer Sprache mit dem Kind sprechen. Die meisten Eltern mit anderer Herzenssprache als Deutsch empfinden es als künstlich und „irgendwie nicht richtig", mit dem eigenen Kind in Deutsch zu sprechen. Das drückt auch die Mutter in diesem Praxisbeispiel aus. Die Erzieherin formuliert es nach der Erlaubnis noch etwas deutlicher, indem sie sagt, dass die Mutter mit ihrem Sohn ausschließlich Italienisch sprechen solle.

2. Sprachliche Trennungsfähigkeit

Erwirbt ein Kind mehr als eine Sprache, muss es die beiden Sprachen voneinander trennen können. Sonst besteht die Gefahr, dass es zu einer Sprachfusion (Sprachmischung) kommt, im schlimmsten Fall sogar zu einer **doppelten Halbsprachigkeit**. Das bedeutet, dass ein Kind zwei Sprachen zumindest in Ansätzen sprechen kann, aber die beiden Sprachen miteinander vermischt werden, ohne dass sie getrennt werden können. Damit ein Kind zwei Sprachen voneinander trennen kann, muss es eine spezielle Fähigkeit entwickeln: die sprachliche Trennungsfähigkeit.

> Die Erstsprache ist die Grundlage für die Zweitsprache.

Gewährleistet werden kann die sprachliche Trennungsfähigkeit durch zwei Prinzipien:

1 Sprache – 1 Person
Dieses Prinzip bedeutet, dass der eine Elternteil mit dem Kind eine Sprache spricht und der andere Elternteil eine andere Sprache. Wird dieses Prinzip konsequent eingehalten, erwirbt das Kind die sprachliche Trennungsfähigkeit und kann die beiden Sprachen klar voneinander trennen. Es kommt nicht zu einer Vermischung beider Sprachen.

1 Sprache – 1 Situation
Hierbei wird von den Eltern in bestimmten, für das Kind klar erkennbaren Situationen, die eine Sprache gesprochen und in anderen Situationen die andere Sprache – zum Beispiel innerhalb des Hauses Sprache A und außerhalb des Hauses Sprache B. Auch dieses Prinzip führt zur sprachlichen Trennungsfähigkeit und zur Trennung der beiden Sprachen.

Mischformen
Beide Prinzipien können auch kombiniert werden. Zum Beispiel spricht die Mutter innerhalb des Hauses mit dem Kind Sprache A, der Vater innerhalb des Hauses Sprache B (1 Sprache – 1 Person) und außerhalb des Hauses sprechen beide Elternteile mit dem Kind Sprache C (1 Sprache – 1 Situation).

3. Die Erstsprache als Grundlage für die Zweitsprache

Sprache ist wie ein Eisberg, der im Wasser schwimmt: Nur ein kleiner Teil eines Eisberges ist über der Wasseroberfläche. Der größte Teil befindet sich darunter. Auf die Sprache übertragen befinden sich Aussprache und Grammatik über der Wasseroberfläche. Das ist das, was von Sprache offensichtlich ist. Der größte Teil von Sprache ist aber nicht so offensichtlich – er befindet sich unter der Wasseroberfläche. Dieser größere Teil umfasst zum Beispiel die grundsätzliche Erkenntnis, was Sprache ist, welche Funktionen Sprache hat und auch Kommunikationsregeln wie Ausreden-Lassen oder dass man sich bei einem Gespräch abwechselt.

Die Sprechfreude und die Motivation eines Kindes, sich sprachlich zu äußern, befinden sich auch unter der Wasseroberfläche. Das geht bis in den Bereich der Grammatik; Erkenntnisse wie: Es gibt Einzahl und Mehrzahl, Verben gibt es in verschiedenen Zeitformen, Adjektive können Substantive näher beschreiben und lassen sich steigern. Diese nicht ganz so offensichtlichen Aspekte von Sprache stellen den größeren Teil des Spracherwerbs dar und erfolgen unabhängig davon, welche Sprache im Einzelnen als Erstsprache gesprochen wird.

Hat das Kind gute, fundamentale Erfahrungen und Erkenntnisse in der Erstsprache, kann es dies auf die zweite oder dritte Sprache übertragen: Das Grundgerüst ist da.

Umgekehrt haben viele Kinder, bei denen es zu Auffälligkeiten beim Erstspracherwerb kommt, auch Schwierigkeiten beim Erwerb der Zweitsprache. Es ist daher sehr wichtig, dass die Eltern ihren Kindern ihre Herzenssprache vermitteln.

Hat ein Kind erhebliche Schwierigkeiten, die deutsche Sprache als Zweitsprache zu erwerben, halten die Eltern oft die o. g. Prinzipien nicht ein. Auch Kinder mit einer Störung im Erstspracher-

werb zeigen vielfältige Auffälligkeiten beim Zweitspracherwerb. Empfehlen Sie dann den Besuch der Eltern mit ihrem Kind bei einem Arzt.

Die Rolle der Peergroup im Zweitspracherwerb

Weil die Erstsprache die Grundlage für die Zweitsprache ist, sollten Kinder nicht davon abgehalten werden, mit anderen Kindern im Kindergarten ihre Erstsprache zu sprechen. In Situationen, wo sie mit ihren Peers (mit den Gleichaltrigen) in ihrer gemeinsamen nicht deutschen Sprache sprechen, fühlen sich die Kinder sicher und sie stabilisieren ihre Kompetenzen in der Erstsprache.

Wann wird welche Sprache gesprochen?

Wenn ein großer Anteil der Kinder eine gemeinsame nicht deutsche Erstsprache hat, kann es notwendig sein, Regeln aufzustellen, wann alle Kinder Deutsch sprechen – zum Beispiel im Morgenkreis, beim Essen und wenn ein Kind dazukommt, das die betreffende Sprache nicht spricht.
Neben Kindern mit einer Störung im Spracherwerb profitieren vor allem Kinder, die Deutsch als Zweitsprache erwerben, von der Interaktion mit anderen Kindern. Achten Sie darauf, dass die Kinder miteinander sprechen und kommunizieren. Wenn die Kommunikation zwischen einem Kind im Zweitspracherwerb und anderen Kindern abbricht, können Sie den Kommunikationsfluss aufrechterhalten: Wiederholung, verbesserte Wiederholung, die anderen Kinder ansprechen, einbeziehen oder nach dem fragen, was das Kind im Zweitspracherwerb gesagt hat.

Welche Sprache sprechen Sie?

Sprechen Sie in der Regel mit allen Kindern Deutsch in der Gruppe, selbst wenn Sie die nicht deutsche Erstsprache eines Kindes sprechen.
Wenn ein Kind Sie in einer nicht deutschen Sprache anspricht, die sie selbst sprechen bzw. verstehen, dann tun Sie bitte nicht so, als hätten Sie das vom Kind Gesagte nicht verstanden. Nehmen Sie das an, was das Kind gesagt hat, antworten Sie dann aber auf Deutsch.
In der Eingewöhnungsphase oder in Notsituationen kann es aber hilfreich sein, wenn Sie in der nicht deutschen Erstsprache des Kindes sprechen.

Hat das Kind eine Störung im Erstspracherwerb und daraus folgend erhebliche Schwierigkeiten beim Zweitspracherwerb, dann sollte eine logopädische Therapie, wo immer das möglich ist, in der nicht deutschen Erstsprache erfolgen. Ist das nicht möglich, dann ist es natürlich besser, die Therapie erfolgt in der Zweitsprache Deutsch, als dass gar keine Therapie erfolgt.

Empfehlungen für Eltern zwei- und mehrsprachiger Kinder

- Die Eltern sollten in ihrer Herzenssprache mit ihrem Kind reden – bis zum Abschluss des Spracherwerbs um den sechsten Geburtstag sogar ausschließlich.
- Jedes Elternteil spricht in seiner Herzenssprache mit dem Kind und bleibt auch dabei, wenn das Kind ihm in einer anderen Sprache antwortet (1 Sprache – 1 Person). In welcher Sprache die Eltern miteinander sprechen ist für den Spracherwerb des Kindes nicht so wichtig.
- Möchten die Eltern unbedingt mit dem Kind Deutsch sprechen, auch wenn es nicht ihre Herzenssprache ist, können sie eine Geschichte auf Deutsch vorlesen und anschließend mit dem Kind über das Gelesene sprechen – dieser Dialog sollte aber in der Herzenssprache stattfinden! (1 Sprache – 1 Situation, die Sprachen können so getrennt werden.)
- Hat ein Elternteil mehr als eine Herzenssprache, dann sollte das Prinzip 1 Sprache – 1 Situation gelten: Zu Hause die eine Sprache, auf dem Spielplatz die andere.
- Nehmen Sie den Eltern den Druck: Ein Kind kann sich problemlos zwei oder mehrere Sprachen aneignen, vor allem, wenn die Erstsprache gut erworben wird. Den allermeisten Kindern reicht ein 25-Stunden-Platz in der Kita auch völlig, um Deutsch als Zweitsprache zu lernen, wenn die Erstsprache gut erworben ist.

Strategien zum Zweitspracherwerb

Wie beim Erstspracherwerb helfen sich die Kinder bei der zweiten Sprache selbst. Die dabei von ihnen eingesetzten Strategien werden Zweitspracherwerbsstrategien genannt. Dazu gehören auch die folgenden 6 Strategien:

1. CODE-SWITCHING

Beim Code-Switching wechselt das Kind bei Wörtern, Satzteilen, Sätzen oder ganzen Textpassagen zwischen zwei Sprachen (Sprach-Codes). Für das Kind hat der Sprachwechsel den Vorteil, dass es im Sprechfluss bleibt. Es wird nicht unterbrochen und unterbricht sich nicht selbst. Vielleicht hat das Kind auch einen Gesprächspartner, der das Gesagte versteht und die verbesserte Wiederholung einsetzt. Dadurch lernt das Kind dann neue Wörter in der Zweitsprache.

Praxisbeispiel: Code-Switching

Ein Kind (3;9 Jahre alt) erwirbt Englisch als Erstsprache und Deutsch als Zweitsprache. Es möchte über den Besuch im Zoo berichten und fängt auf Deutsch an: „Wir waren im Zoo …" Dann fällt ihm das Wort *gestern* nicht auf Deutsch ein und es wechselt (switching) auf Englisch: „yesterday …" Dann wechselt das Kind wieder auf Deutsch: „und da haben wir viele …" Und wieder auf Englisch, da es *Löwe* nicht kennt: „lions …" und Deutsch: „gesehen." Der Satz des Kindes lautet also: „Wir waren im Zoo yesterday und da haben wir viele lions gesehen." Die Erzieherin wiederholt: „Ah, ihr wart im Zoo gestern und da habt ihr viele Löwen gesehen."

2. SPRACHLICHE TRANSFERS

Sprachliche Transfers sind dem Code-Switching ähnlich, nur dass nicht Wörter aus der Erstsprache verwendet werden, sondern Regeln. Der Vorteil für das Kind ist ähnlich wie im ersten Fall: Es bleibt im Sprechfluss, hat wahrscheinlich jemanden, der es versteht und lernt – sofern der Gesprächspartner die verbesserte Wiederholung einsetzt – neue Regeln.

Praxisbeispiel: Sprachliche Transfers

Nehmen wir wieder das Kind aus dem vorhergehenden Beispiel, das vom Zoobesuch berichten möchte. In diesem Fall kennt das Kind die Wörter *gestern* und *Löwe*. Es kennt aber nicht die Regeln für die Mehrzahlbildung im Deutschen. Daher nimmt es die Plural-Regel aus dem Englischen (Sprachlicher Transfer), hängt *-s* an *Löwe* und sagt: „Wir waren im Zoo gestern und da haben wir viele Löwes gesehen." Die Erzieherin setzt die verbesserte Wiederholung ein und sagt: „Ah, ihr wart im Zoo gestern und da habt ihr viele Löwen gesehen."

8

3. DIE ANNAHME: DAS, WAS GESAGT WURDE, HAT IRGENDETWAS MIT DER MOMENTANEN SITUATION ZU TUN.

In vielen Fällen hat das, was jemand gesagt hat, mit der Situation zu tun, in der man sich befindet. Indem Kinder genau davon ausgehen, können sie in den Situationen Hinweise finden, was wohl gesagt wurde, selbst wenn sie vom Gesagten direkt nur wenig verstanden haben.

Praxisbeispiel: Situationsbezug

Ein Kind (4;2 Jahre alt) erwirbt seit 6 Wochen die deutsche Sprache als Zweitsprache. Seine Deutschkenntnisse sind noch gering. Das Kind möchte gern mit zwei Freunden rausgehen. Draußen regnet es. Das Kind ist im Flur an der Garderobe und zieht sich gerade die Regenjacke an. Ein Erzieher erscheint, schaut zu den Stiefeln auf dem Boden und sagt den Kindern: „Zieht euch bitte die Stiefel an, weil es draußen regnet." Das Kind hat kaum etwas von den Wörtern verstanden, nur das Wort „regnet" meint es schon einmal gehört zu haben. Das Kind schaut aus dem Fenster im Flur und sieht den Regen. Es sieht die Gummistiefel an der Garderobe stehen. Es kombiniert richtig, dass der Erzieher wohl gesagt hat, dass die Gummistiefel angezogen werden sollen, bevor man rausgeht.

4. TU SO, ALS OB DU DAS, WAS GERADE GESAGT WURDE, VERSTANDEN HÄTTEST.

Kinder im Zweitspracherwerb tun oft so, als ob sie das Gesagte verstanden hätten, obwohl dies gar nicht der Fall ist. Sie nicken, äußern Bestätigungslaute oder sagen „Ja".

Der Vorteil dieser Zweitspracherwerbsstrategie ist, dass der Gesprächsfaden nicht abreißt, dass das Kind die Zweitsprache in ganzen Sätzen hört und dass sich das Kind keine großen Gedanken um die Bedeutung einzelner Wörter macht. Das Gespräch bleibt im Fluss.

Das Kind sagt sich: „Und vielleicht kommen ja noch einige Wörter, die ich verstehe oder es gibt andere Hinweise, was gerade gesagt wurde." Auch aus der Situation heraus kann sich noch ein Anhaltspunkt ergeben. Im Kontext erschließt sich das Kind dann das Gesagte.

5. TU SO, ALS OB DU DIE SPRACHE SPRECHEN KÖNNTEST.

Eine ganz hilfreiche Strategie, die viele Kinder beim Zweitspracherwerb einsetzen! Das Kind tut so, als ob es Deutsch sprechen könnte: Es nimmt einfach einige der Wörter, die es schon sprechen kann, und fängt an zu sprechen. Es spricht drauflos und fügt die Wörter zu „Sätzen" aneinander. Es versucht, mit der Sprechmelodie und dem Sprechrhythmus der deutschen Sprache zu sprechen. Es folgt Kommunikationsregeln und setzt Körpersprache ein. Es hat Sprechfreude.
Dieses So-tun-als-Ob führt dazu, dass das Kind die Sprache mit jedem Mal tatsächlich besser sprechen kann.

6. VERTRAUE AUF DIE HILFE DEINER FREUNDE.

Auf seine Freunde kann sich ein Kind beim Zweitspracherwerb verlassen. Die Freunde sagen, was gerade gesagt wurde, oder sie übersetzen. Das Kind kann seine Freunde fragen oder um Hilfe bitten. Das Kind kann schauen, was die Freunde machen und wie sie sich verhalten. – Die Freunde sind für Kinder beim Zweitspracherwerb sehr hilfreich.

Der Nutzen von Zweitspracherwerbsstrategien

Die Zweitspracherwerbsstrategien können auch negativ gesehen werden, je nachdem, welche Brille man aufgesetzt hat: Das Kind muss ständig in seine Erstsprache wechseln (Code-Switching), das Kind kennt die Regeln im Deutschen noch nicht und muss auf die der Erstsprache zugreifen (Sprachliche Transfers), das Kind muss sich ständig an der Situation orientieren, sonst würde es noch weniger verstehen (Situationsrelevanz), das Kind erweckt nur den Eindruck, als ob es das Gesagte verstanden habe, das Kind tut nur so, als ob es die Sprache sprechen könne, das Kind ist ständig auf die Hilfe seiner Freunde angewiesen.

Die Strategien sind kein Defizit!

Setzen Sie besser die positive Brille auf und sehen Sie die Strategien als das, was sie sind: hilfreiche Zweitspracherwerbsstrategien. Sie sind kein Zeichen für Defizite, sondern sollten – im Gegenteil – von Ihnen gefördert und unterstützt werden.

Übrigens:

Wenn wir Erwachsenen diese Strategien auch beim Erwerb einer Fremdsprache einsetzen würden, könnten wir neue Sprachen viel leichter und schneller lernen – besser auf jeden Fall als durch Vokabeln-Büffeln, Grammatik-Lernen und Aussprache-Üben.

Dr. Michaela Ulich hat beim Bayrischen Staatsinstitut für Frühpädagogik (München) Elternbriefe veröffentlicht: „Wie lernt mein Kind 2 Sprachen, Deutsch und die Familiensprache?" Diese Briefe geben den Eltern hilfreiche Informationen, wenn ihr Kind mehr als eine Sprache erwirbt und wie damit umzugehen ist. Sie weisen auch deutlich darauf hin, dass die Eltern in ihrer Sprache mit dem Kind sprechen sollten. Die Elternbriefe gibt es in über 20 verschiedenen Sprachen. Gerade für Eltern, die kein oder nur wenig Deutsch sprechen können, sind diese Briefe geeignet.
Sie finden die Elternbriefe von Dr. Michaela Ulich kostenlos zum Downloaden als PDF-Dokumente beim Staatsministerium für Frühpädagogik unter www.ifp.bayern.de.

So unterstützen Sie die Kinder in ihren Zweitspracherwerbsstrategien:

- Geben Sie dem Kind zu verstehen, dass es auf einem guten Weg ist und Sie gern mit ihm sprechen.
- Bestätigen Sie das Kind – zum Beispiel durch Nicken, zustimmendes Wiederholen des Gesagten und durch verbesserte Wiederholung.
- Regen Sie das Kind an, weiterzusprechen – zum Beispiel durch offene Fragen.
- Auch beim Zweitspracherwerb ist das Wichtigste: die Sprechfreude!

Praxistipps zum Umgang mit Kindern im Zweitspracherwerb

- Setzen Sie bei Kindern, die Deutsch als Zweitsprache erwerben, genau dieselben Sprachbildungsstrategien ein, wie bei allen anderen Kindern auch.
- Sprechen Sie in vollständigen Sätzen, angemessen deutlich (natürlich und authentisch) und angemessen langsam. Sprechen Sie nicht lauter als sonst; das Kind versteht sie dadurch nicht besser.
- Berücksichtigen Sie, dass ein Kind zu Beginn des Zweitspracherwerbs noch nicht so viel versteht und noch nicht so viel sprechen kann. Sie können Ihr Sprachniveau etwas niedriger ansetzen: Sprechen Sie in vollständigen, aber etwas kürzeren Sätzen. Vermeiden Sie komplizierte Schachtelsätze und ausgesprochen lange Sätze. Inhaltlich sollten Sie sich an den Interessen und am Entwicklungsalter des Kindes orientieren.
- Einige Kinder sprechen in der ersten Zeit des Zweitspracherwerbs gar nicht oder nicht auf Deutsch. Sie kommen zwar täglich in die Einrichtung, sind meist gut eingebunden, haben auch schon ein gewisses Sprachverständnis – sprechen aber nicht, zumindest nicht mit Ihnen als erwachsene Person. Dieses Phänomen nennt sich Schweigephase. Es ist ein natürliches Phänomen im Rahmen des Zweitspracherwerbs.
  Auch wenn die Schweigephase einiges mit dem selektiven Mutismus gemeinsam hat, handelt es sich nicht um ein Störungsbild. Es ist ein natürliches Verhalten. Bleiben Sie gelassen und entspannt. Die Schweigephase dauert mitunter viele Wochen.
- Oft sprechen die Kinder von einem auf den anderen Tag in mehr oder weniger vollständigen Sätzen.

Anhang – Kopiervorlagen als Arbeitshilfen

- ☑ Selbstreflexion: Welche Sprachbildungsstrategien verwende ich?
- ☑ Selbstreflexion: Wie? Weshalb? Warum? – Der Einsatz von offenen Fragen
- ☑ Übung: Wie kann man noch sagen? – Variantenreiche Sprache
- ☑ Übung: So klingen Wörter – Lautieren
- ☑ Übung: Ressourcenorientierte Fragestellungen
- ☑ Register der Sprachbildungsstrategien
- ☑ Lösungsvorschläge für die Übungsaufgaben

Selbstreflexion: Welche Sprachbildungsstrategien verwende ich?

Aufgabe:

Wählen Sie zur Selbstreflexion kurze, wiederkehrende **Kommunikationssituationen** aus – zum Beispiel die morgendliche Begrüßung, kurze Gesprächsrunden im Morgenkreis oder eine Wickelsituation. Kurz soll die Situation sein, weil die Selbstreflexion recht anstrengend ist. Wiederkehrend sollte sie sein, damit Sie diese Selbstbeobachtung wiederholt durchführen können.

Beobachten Sie sich und beantworten Sie im Anschluss folgende Fragen:

1. Inwiefern hat sich das Kind wohl und sicher gefühlt, während ich mit ihm gesprochen habe?
2. Wodurch (durch welches Verhalten, welche Sprachbildungsstrategien) habe ich Sicherheit und Geborgenheit vermittelt?
3. Inwiefern habe ich mit dem Kind über das kommuniziert, worauf sein Interesse lag? Habe ich den Aufmerksamkeitsfokus des Kindes berücksichtigt oder habe ich über etwas ganz anderes gesprochen?
4. Welche Sprachbildungsstrategien kann ich in ähnlichen zukünftigen Situationen verstärkt einsetzen?

Eine Übersicht über alle Sprachbildungsstrategien finden Sie auf Seite 91

Selbstreflexion: Wie? Weshalb? Warum? – Der Einsatz von offenen Fragen

Aufgabe:

Suchen Sie sich eine Kommunikationssituation aus, bei der es zu einem Dialog zwischen Ihnen und einem Kind kommt – zum Beispiel im Erzählkreis oder bei einer Bilderbuchbetrachtung. Beobachten Sie, wie oft Sie dem Kind geschlossene Fragen stellen (Ja/Nein-Fragen, Auswahlfragen) und wie oft es offene Fragen (Wer? Was? Warum? Wie? Womit?) sind. Halten Sie im Anschluss Ihre Beobachtungen schriftlich fest.

Übung: Wie kann man noch sagen? – Variantenreiche Sprache

Aufgabe:

Suchen Sie alternative oder genauere Wörter für die folgenden Begriffe.

In der Gegenwart

In naher Zukunft

Groß

Klein

Sich zu Fuß bewegen

Lösungsvorschläge finden Sie auf Seite 92

Übung: So klingen Wörter – Lautieren

Aufgabe:

Versuchen Sie, folgende Wörter zu lautieren. Achten Sie darauf, dass Sie die Buchstaben so aussprechen, wie sie das Kind hören kann, also als Laute. Schreiben Sie die Laute in die Tabelle.

Achten Sie bitte darauf, dass

- die Vokale (*a, e, i, o, u, ä, ö* und *ü*) je nach Wort lang oder kurz gesprochen werden,
- es Kombinationen aus zwei oder drei Buchstaben gibt, die einen Laut darstellen,
- ein Buchstabe je nach Wort unterschiedlich klingen kann.

Wörter	**Laute**
Telefon	
Elefant	
Sofa	
Ball	
Hund	
Tisch	
Gelb	
Buch	
Milch	
Zeit	

Lösungsvorschläge finden Sie auf Seite 92

Übung: Ressourcenorientierte Fragestellungen

Aufgabe:

Stellen Sie sich folgende Situation vor: In Ihrer Gruppe betreuen Sie ein Kind (3;7 Jahre alt). Der Sprachstand des Kindes erscheint Ihnen leicht verzögert. Mit einem Elternteil führen Sie ein Elterngespräch. Eines Ihrer Ziele bei dem Elterngespräch ist es, die Eltern zu einem sprachförderlichen Verhalten anzuregen. Sie möchten die Eltern ermuntern, mit ihrem Kind häufiger Rollenspiele zu spielen. Welche hilfreichen, ressourcenorientierten Fragen könnten Sie dem Elternteil stellen? Fertigen Sie eine Liste an!

Lösungsvorschläge finden Sie auf Seite 92

Register der Sprachbildungsstrategien

Lösungsvorschläge für die Übungsaufgaben

Lösungsvorschläge: Übungsaufgabe zur variantenreichen Sprache

Wörter	Varianten
In der Gegenwart	jetzt, momentan, im Augenblick, zurzeit, nun, im Moment, heutzutage, augenblicklich, gegenwärtig, aktuell, gerade, derzeit
In naher Zukunft	bald, alsbald, demnächst, in Bälde, in Kürze, sofort, gleich, unverzüglich, auf der Stelle, prompt, stehenden Fußes, anschließend, direkt danach, sogleich, umgehend
Groß	riesig, von beträchtlichem Ausmaß, gigantisch, umfangreich, monströs, gewaltig
Klein	winzig, Vorsilbe mini-, mikroskopisch, kompakt, marginal, von geringem Ausmaß
Sich zu Fuß bewegen	gehen, laufen, rennen, stürmen, schreiten, wandeln, hasten, schleichen, eilen, rasen, sausen, sprinten, spazieren gehen, marschieren, trippeln, balancieren, humpeln, latschen, schlurfen, stolzieren, stolpern, wandern, schlendern, flanieren

Lösungen: Übungsaufgabe zum Lautieren

Wörter	Laute
Telefon	t – eh (lang) – l – eh (lang) – f – oh (lang) – n
Elefant	eh (lang) – l – eh (lang) – f – a (kurz) – n – t
Sofa	s (weich) – oh (lang) – f – ah (lang)
Ball	b – a (kurz) – l (beim Schreiben zwei l-Buchstaben; zu hören ist nur ein l-Laut)
Hund	h – u (kurz) – n – t (schreiben mit d, zu hören ist der t-Laut)
Tisch	t – i (kurz) – sch (die Buchstaben s, c, h bilden einen Laut: sch)
Gelb	g – ä (mit dem Buchstaben e geschrieben; zu hören ist ein kurzes ä) – l – p (geschrieben mit b; zu hören ist am Ende des Wortes p)
Buch	b – uh (lang) – ch (bei Buch wird der ch-Laut hinten im Mund gebildet)
Milch	m – i (kurz) – l – ch (bei Milch wird der ch-Laut weiter vorn im Mund gebildet)
Zeit	ts – ai (geschrieben wird ei, zu hören ist ai) - t

Lösungsvorschläge: Übungsaufgabe zu ressourcenorientierten Fragestellungen

- Welche Rollenspiele spielen Sie mit Ihrem Kind?
- Was schätzen/mögen Sie an Rollenspielen besonders?
- Welches Rollenspiel macht ihm ganz besonders viel Freude?
- Welches Rollenspiel macht Ihnen ganz besonders viel Freude?
- Welches Rollenspiel möchten Sie regelmäßig mit Ihrem Kind spielen?
- Bei welchen Gelegenheiten können Sie das Rollenspiel XY mit Ihrem Kind spielen?
- Wie können Sie das Rollenspiel XY am besten umsetzen?
- Wenn Sie das Rollenspiel XY regelmäßig mit Ihrem Kind spielen wollen, wann ist der beste Zeitpunkt dafür?
- Wer aus der Familie kann bei dem Rollenspiel auch mitspielen?
- Welche Freunde von Ihrem Kind könnten auch noch mitspielen?
- Was können Sie tun, damit Ihr Kind beim Rollenspiel viel spricht?
- Was werden Sie beim Rollenspiel XY in Zukunft anders machen? Was werden Sie beibehalten?

L

Literaturtipps

Sie suchen Anregungen für **Spiele**, bei denen die Sprache stark im Vordergrund steht? In diesen Büchern werden Sie fündig:

- Götte, Rose: Sprache und Spiel im Kindergarten: Praxis der ganzheitlichen Sprachförderung im Kindergarten. Cornelsen Scriptor, Berlin, 2002.
- 55 Gute-Laune-Spiele für Plapper- und Plauderstunden. Die besten Sprachspiele für die Kita. Klett Kita, Stuttgart, 2019.

Sie suchen **weitere Informationen zu Störungen und Auffälligkeiten im Spracherwerb** bei Kindern? Empfohlen werden können folgende praxisorientierte Ratgeber. Sämtliche Ratgeber sind von Fachpersonen geschrieben und wenden sich an Eltern, Angehörige und pädagogische Fachkräfte. Zum Beispiel:

- Schlesiger, Claudia; Mühlhaus, Melanie: Late-Talker. Späte Sprecher – Wenn zweijährige Kinder noch nicht sprechen. Ein Ratgeber. Schulz-Kirchner Verlag, Idstein, 2013.
- Hansen, Bernd; Iven, Claudia: Stottern bei Kindern. Ein Ratgeber für Eltern und pädagogische Fachkräfte. Schulz-Kirchner Verlag, Idstein, 2016.
- Hartmann, Boris; Lange, Michael: Mutismus im Kindes-, Jugend- und Erwachsenenalter. Für Angehörige, Betroffene sowie therapeutische und pädagogische Berufe. Schulz-Kirchner Verlag, Idstein, 2017.

Sie möchten sich theoretisch weiter in das Thema **Sprachentwicklung und Sprachbegleitung** einarbeiten? Dann sei Ihnen das Buch „Sprachentwicklung und Sprachförderung im Elementarbereich" empfohlen. Die Autorinnen sind beide akademische Logopädinnen. Das Buch behandelt Themen wie Spracherwerb, Sprachstörungen, Sprachfördermaßnahmen und Literacy. Der Spracherwerb von der Geburt bis zum sechsten Geburtstag wird durch eine beigefügte Audio-CD mit 13 Hörbeispielen dokumentiert.

- Bunse, Sabine; Hoffschildt, Christiane: Sprachentwicklung und Sprachförderung im Elementarbereich. OLZOG Verlag, München, 2014.

Zur **Vorbereitung auf Elterngespräche** sei Ihnen das Buch „Schwierige Elterngespräche in der Kita – und wie sie gelingen" ans Herz gelegt. Das Buch enthält zahlreiche Beispiele aus der Praxis und eine Vielzahl von hilfreichen Tipps und Tricks.

- Gräßer, Melanie; Hovermann, Eike (Hrsg.); Sauermann, Daniela: Schwierige Elterngespräche in der Kita – und wie sie gelingen. Praxisratgeber der Akademie für Kindergarten, Kita und Hort. Klett Kita, Stuttgart, 2019.

L

Die **phonologische Bewusstheit** ist ein zuverlässiges Vorhersagemerkmal für Störungen im Lese-Rechtschreiberwerb. Überprüft werden kann die phonologische Bewusstheit zum Beispiel mit dem BISC-Verfahren.

- Jansen, Heiner; Mannhaupt, Gerd; Marx, Harald; Skowronek, Helmut: BISC. Bielefelder Screening zur Früherkennung von Lese-Rechtschreibschwächen. Hogrefe, Göttingen, 2002.

Die phonologische Bewusstheit ist zum Glück trainierbar. Wenn Sie die phonologische Bewusstheit gezielt unterstützen möchten, verwenden Sie am besten ein **Programm zur Förderung**, zum Beispiel:

- Das Würzburger Trainingsprogramm *Hören, lauschen, lernen* ist ein Programm, das sich auf 6 Monate mit täglich 10- bis 15-minütigen Übungseinheiten erstreckt. Das Programm beginnt mit Lauschspielen, um die Kinder für das Hören zu sensibilisieren. Danach wird die phonologische Bewusstheit trainiert durch: Reimen, Einteilen von Sätzen in Wörter, Silbenklatschen, Erkennen (Identifizieren) von Anlauten, Unterteilung von Wörtern in einzelne Laute (Lautanalyse) und Zusammenziehen von Lauten zu einem Wort (Lautsynthese). Im Trainingsprogramm werden häufig Bildkarten eingesetzt, die die Kinder entlasten, damit sie sich auf das Wesentliche (also auf die formalen Aspekte der Sprache) konzentrieren können.
  Das Würzburger Trainingsprogramm bringt Kindern beim späteren Lesen- und Schreibenlernen nachgewiesenermaßen einen deutlichen Vorteil.

  Küspert, Petra; Schneider, Wolfgang: Hören, lauschen, lernen. Sprachspiele für Kinder im Vorschulalter. Würzburger Trainingsprogramm zur Vorbereitung auf den Erwerb der Schriftsprache. Vandenhoek & Ruprecht, Göttingen, 2018.

- *Wuppis Abenteuer-Reise* ist ein Programm zur Förderung der phonologischen Bewusstheit, eingebettet in einen Handlungsrahmen mit der liebenswerten Leitfigur Wuppi. Das Programm besteht aus einer illustrierten Vorlesegeschichte, 80 gestalteten Aufgabenkarten, der Handpuppe Wuppi mit Tasche, einer Einführung mit Erläuterungen und Hinweisen zur Durchführung des Übungsprogramms, Material- und Wortlisten, Kopiervorlagen und einem Ordner.

  Christiansen, Christiane: Wuppis Abenteuer-Reise durch die phonologische Bewusstheit. Ein Übungsprogramm zur Förderung der phonologischen Bewusstheit. Finken Verlag, Oberursel, 2008.

Zum Autor

Udo Elfert

- Staatlich anerkannter Logopäde
- Zertifizierter Coach und Mastercoach nach Standards der **Deutschen Gesellschaft für Coaching e.V.**
- Qualifikation zum Lehrcoach durch das Institut für Praxisentwicklung in sozialen Handlungsfeldern e.V.
- Ausbildung und Zertifizierung zum Praktiker der Erziehungsberatungsmethode „Marte-Meo"
- Zertifizierter Multiplikator zur Durchführung von Fortbildungen einer alltagsintegrierten Sprachbildung und -beobachtung des Landes NRW

Udo Elfert studierte Medizin in Münster sowie Biologie und Psychologie in Bielefeld. Darüber hinaus absolvierte er eine Ausbildung zum Logopäden und arbeitet seit vielen Jahren erfolgreich als Trainer und Kursleiter. Schwerpunkte seiner Arbeit sind die Sprachförderung bei Kindern sowie das Stimm-, Sprech- und Sprachtraining für Sprechberufler.

Herr Elfert besitzt langjährige Erfahrungen als Logopädie-Dozent an der Lehranstalt für Logopädie der DAA in Bielefeld. Dort hat er regelmäßig in den Fächern Linguistik, Neurologie und Audiologie unterrichtet. Seine Veröffentlichungen und seine Seminare zeichnen sich neben einem hohen Praxisnutzen durch eine abwechslungsreiche und leicht verständliche Vortragsweise aus.

Nachgefragt

Sind Sie eher ein Drinnen- oder Draußen-Mensch?

Ein Draußen-Mensch, denn: „Die Natur kennt keine Probleme, nur Lösungen." (Carl Amery)

Wofür würden Sie mitten in der Nacht aufstehen?

Aufstehen würde ich nachts für einen sternenklaren Himmel auf einer Berghütte.

Welche ist Ihre Lieblingssüßigkeit?

Wieso nur eine Lieblingssüßigkeit? – Da wähle ich die italienische Küche: Tiramisu und Pannacotta mit Himbeermark.

In dieser Reihe sind bereits erschienen:

Schwierige Elterngespräche in der Kita – und wie sie gelingen
ISBN: 978-3-69046-078-7

Portfolio, Lerngeschichten & Co.
Entwicklungsschritte von Kita-Kindern erkennen, sichtbar machen und dokumentieren
ISBN: 978-3-69046-077-0

Klett Kita